沟通力

正向有效沟通，从心开始

刘春海　编著

化学工业出版社

·北京·

本书通过浅显的语言，采用图文相结合的方式，向读者一一介绍"沟通，心与心的交流；深入分析，让沟通轻而易举；了解人性，让沟通深入人心；把握环节，让沟通顺畅自如；因人而异，让沟通易如反掌；讲究方法，让沟通事半功倍；巧用工具，让沟通得心应手"等方面的内容。本书由浅入深，环环相扣，内容通俗易懂，实用性强。

本书适合企业、培训机构作为培训的教材，也可以作为新入职大中专学生或新从业的职业人士入门、参考、培训用书。

图书在版编目（CIP）数据

沟通力：正向有效沟通，从心开始／刘春海编著.
北京：化学工业出版社，2018.6（2019.6重印）
ISBN 978-7-122-31947-0

Ⅰ.①沟⋯　Ⅱ.①刘⋯　Ⅲ.①心理交往-通俗读物　Ⅳ.①C912.1-49

中国版本图书馆CIP数据核字（2018）第073818号

责任编辑：陈　蕾　　　　　　装帧设计：尹琳琳
责任校对：吴　静

出版发行：化学工业出版社（北京市东城区青年湖南街13号　邮政编码100011）
印　　装：大厂聚鑫印刷有限责任公司
710mm×1000mm　1/16　印张12¼　字数212千字　2019年6月北京第1版第2次印刷

购书咨询：010-64518888　　售后服务：010-64518899
网　　址：http://www.cip.com.cn
凡购买本书，如有缺损质量问题，本社销售中心负责调换。

定　　价：49.80元　　　　　　　　　　　　　　　版权所有　违者必究

前言

"沟通,从心开始",这句耳熟能详的广告用语也是中国移动的服务理念。

"沟通从心开始,沟通无处不在。"这两句广告语说出了沟通的要诀和重要性。而沟通又是什么呢?沟通是人与人之间、人与群体之间思想和感情传递、反馈的过程。

"沟通"代表人们相互之间的理解和信任。"从心开始"表明用真心和真诚筑起心与心之间的桥梁,是沟通的基础和最高境界,只有用真心、用真诚去传情达意,才能使彼此的交流更为顺畅、更为精彩。每次心灵的交流和理解,都将打破心与心之间的隔阂,缩短心与心之间的距离,为下一步更高境界的心灵之旅做好铺垫。

大千世界无时无刻不在发生着变化,我们每天都要接触不同的人与物,要和不同的人交流,沟通就显得尤为重要。沟通的方式有很多,一个眼神、一个点头、一个微笑都可以视为沟通。只有良好的沟通才会把事情做得更好,用心才是沟通的要诀。

哈佛大学的一项调查结果显示:在500名被解职的男女中,因人际沟通不良而导致工作不称职者占了82%。作者在10余年的职业生涯中,曾无数次亲眼目睹因沟通不畅,导致个人职场失意,团队缺乏凝聚力、战斗力的案例。正如唐代政治家陆贽所言:上情不通于下,则人惑;下情不通于上,则群疑,疑则不纳其诚,惑则不从其令。管理沟通已成为职场上个人和企业要解决的关键问题。

沟通真的那么难吗?作者经过多年对沟通心理学和管理沟通的研究,编写了《沟通力——正向有效沟通,从心开始》一书,主要包括以下七个部分。

◇沟通,心与心的交流。
◇深入分析,让沟通轻而易举。
◇了解人性,让沟通深入人心。
◇把握环节,让沟通顺畅自如。

◇因人而异，让沟通易如反掌。

◇讲究方法，让沟通事半功倍。

◇巧用工具，让沟通得心应手。

本书以实战案例为基础，设置了案例赏析、心理测试、沟通密码、相关链接等栏目，由浅入深、环环相扣，内容通俗易懂，实用性强，是职场人士提升沟通技能，改变职场命运的良师益友。

本书由刘春海编著，参与编写和提供帮助的还有王建伟、陈美华、陈志坚、何立、罗丽萍、罗玲、刘俊、李洋、李旭升、齐艳茹、赵艳荣、何春华、黄美、赵慧敏、郭梅、杨巨云、郑时勇、郭媛媛、郭晓安、黄俊程、梁嘉仪、林显泉、林晓莉、刘金红、宋翔、赵冲稳、周敏、匡仲潇，在此对他们一并表示感谢！

由于编者水平有限，书中难免出现疏漏与缺憾，敬请读者批评指正。

编著者

目 录

导读 沟通，心与心的交流

一、建立信任 ··· 3
二、用心沟通 ··· 3
三、赢得人心 ··· 4

第一章 深入分析，让沟通轻而易举

第一节 沟通是无时不在的 ··· 7
一、幼年阶段 ··· 7
二、青少年阶段 ·· 7
三、中年阶段 ··· 8
四、老年阶段 ··· 9
  案例赏析 父母的爱 ·· 9

第二节 沟通是有目的的 ··· 10
一、控制成员的行为 ··· 11
  案例赏析 做指挥的总经理 ····································· 11
二、激励下属改善绩效 ·· 11
  案例赏析 通过走动式管理来激励下属 ······················ 12
三、表达情感 ··· 13

四、流通信息 ·· 13

第三节　沟通是有方式的 ·· 13
一、单向沟通 ·· 13
二、双向沟通 ·· 14
三、乔哈里视窗 ·· 14

第四节　沟通是有障碍的 ·· 16
一、沟通漏斗原理 ·· 16
二、个人障碍 ·· 17
三、沟通的组织障碍 ·· 19
四、克服障碍的方法 ·· 21

第五节　沟通是有策略的 ·· 24
一、沟通要懂得尊重 ·· 24
二、沟通要懂得换位思考 ·· 24
　　心理测试　换位思考能力 ·· 25

第二章　了解人性，让沟通深入人心

第一节　人性之趋，自由自主 ·· 29
一、人性的趋势就是自由自主 ·· 29
二、沟通就是要顺天应人 ·· 29

第二节　人性之存，趋利避害 ·· 29
一、人的趋利本性 ·· 30
二、双赢沟通 ·· 30

第三节　人性之道，满足需求 ·· 30
一、生理需求 ·· 31

二、安全需求 ··· 31
三、社会需求 ··· 32
四、尊重需求 ··· 32
五、自我实现 ··· 32

第四节　人性之基，七情六欲 ································· 33

一、七情 ··· 34
二、六欲 ··· 34

第五节　人之感性，潜移默化 ································· 34

一、幽默因子 ··· 34
二、情感因子 ··· 35
三、哲理因子 ··· 35

第六节　人性之异，性格多元 ································· 35

一、认识特点 ··· 35
二、模仿优点 ··· 36
三、改正缺点 ··· 36
四、与完美型的人沟通 ·· 37
五、与力量型的人沟通 ·· 38
六、与活泼型的人沟通 ·· 39
七、与和平型的人沟通 ·· 40
　　心理测试　个人性格测试 ·· 41

第三章　把握环节，让沟通顺畅自如

第一节　分析听众，明确沟通的对象 ······················ 45

一、分析听众对象 ··· 45
二、分析与听众的关系 ·· 45
三、分析听众的态度 ··· 47

  相关链接　避免听众分析常见误区 …………………………………… 49

第二节　用心倾听，架起沟通的桥梁 ………………………………… 50
  一、倾听的好处 …………………………………………………………… 50
  二、有效地倾听 …………………………………………………………… 52
  三、积极地倾听 …………………………………………………………… 54
  四、正确地发问 …………………………………………………………… 56
    相关链接　不正确的态度影响倾听 …………………………………… 57

第三节　有效表达，提升沟通的效果 ………………………………… 58
  一、有效表达的准则 ……………………………………………………… 58
  二、有效表达的要点 ……………………………………………………… 59
  三、认识不良表达 ………………………………………………………… 61

第四节　适时反馈，强化沟通的成效 ………………………………… 63
  一、反馈的类型 …………………………………………………………… 64
  二、给予反馈 ……………………………………………………………… 64
  三、接受反馈 ……………………………………………………………… 65
    相关链接　反馈中的常见问题 ………………………………………… 67

第四章　因人而异，让沟通易如反掌

第一节　如何与上司沟通 ………………………………………………… 70
  一、请示汇报的智慧 ……………………………………………………… 70
    相关链接　把握与上司沟通的原则 …………………………………… 72
  二、说服上司的智慧 ……………………………………………………… 73
    案例赏析　用数据说服董事长 ………………………………………… 74
    相关链接　与上司沟通的八个黄金句 ………………………………… 74
  三、拒绝上司的智慧 ……………………………………………………… 76

案例赏析　否定上司的下属 ································· 77
　　　心理测试　与领导沟通的能力 ································· 78

第二节　如何与下属沟通 ··· 79
　一、下达任务的智慧 ··· 79
　　　相关链接　怎样成为受下属爱戴的人 ························· 81
　二、赞美下属的智慧 ··· 82
　　　案例赏析　弄巧成拙的赞美 ··································· 83
　三、批评下属的智慧 ··· 83

第三节　如何跨部门沟通 ··· 87
　一、部门墙是客观存在的 ··· 87
　二、沟通前做好准备 ··· 87
　三、到位不错位 ··· 88
　四、沟通从聊天开始 ··· 89
　五、与平级沟通最好亲自出马 ······································· 89
　六、确定沟通协调的目标，共同努力 ································· 90
　　　案例赏析　良好沟通渡难关 ··································· 90
　七、用高度穿越部门墙 ··· 91

第四节　如何与客户沟通 ··· 93
　一、明确自己与客户的关系 ··· 93
　二、如何改善与客户的沟通 ··· 93
　三、怎样与不同类型的客户沟通 ····································· 94
　四、开场寒暄并不"闲" ·· 96
　　　相关链接　与外国客户沟通时的禁忌 ························· 97
　五、获取客户好感有技巧 ··· 99
　六、与客户顺利进行沟通的方法 ···································· 100
　七、熟悉常用的谈判技巧 ·· 101

第五节　如何与自己沟通 ·· 104
　一、明确自我定位与认知 ·· 104
　　　心理测试　自我沟通测试 ···································· 106

二、学会自我情绪察觉 ··· 107
三、学会调节不良情绪 ··· 108
　　心理测试　情绪健康自我测试 ································· 108
四、学会自我暗示 ·· 114
五、学会自我激励 ·· 115
六、自我压力调适 ·· 118
　　心理测试　工作压力测试 ·· 119
　　相关链接　自我放松训练方法 ································· 121

第五章　讲究方法，让沟通事半功倍

第一节　谈吐优雅，开启沟通的大门 ································· 125
一、塑造好自身形象 ·· 125
　　案例赏析　不尊重老师的学生 ································· 126
　　相关链接　个人形象礼仪有哪些 ····························· 128
二、妙用肢体语言 ·· 128
　　相关链接　小心5种不恰当的肢体语言 ···················· 130
三、时刻面带微笑 ·· 132
　　相关链接　人际交往时善用微笑去打动人 ··············· 133
四、发出悦耳的声音 ·· 134

第二节　多思慎言，提升沟通的效果 ································· 135
一、慎重地选择称呼 ·· 135
　　相关链接　职场称呼如何"避雷" ··························· 137
二、巧妙地介绍自己 ·· 137
三、真诚地赞美对方 ·· 139
　　相关链接　怎样赞美别人效果最好 ························· 141
四、简洁地表达观点 ·· 142

相关链接　把话说明白的五个技巧……………………………………143

第三节　机智幽默，调节沟通的气氛……………………………146

　一、幽默的表达技巧…………………………………………………146

　二、掌握幽默的分寸…………………………………………………148

　三、勿闯幽默的禁区…………………………………………………150

　　相关链接　与同事开玩笑学会把握尺度……………………………151

第四节　委婉含蓄，达成沟通的目的……………………………152

　一、委婉拒绝的技巧…………………………………………………152

　　案例赏析　巧言婉拒老同学…………………………………………153

　　相关链接　如何委婉地拒绝领导……………………………………154

　二、委婉批评的艺术…………………………………………………155

　三、委婉说服的法宝…………………………………………………158

　　相关链接　说服领导的技巧…………………………………………161

　四、委婉请求的窍门…………………………………………………162

第六章　巧用工具，让沟通得心应手

第一节　如何用电子邮件沟通……………………………………167

　一、关于发送对象……………………………………………………167

　　相关链接　选择发送对象时应避免的现象…………………………167

　二、关于主题…………………………………………………………168

　三、关于称呼与问候…………………………………………………168

　四、关于正文…………………………………………………………169

　五、关于附件…………………………………………………………170

　六、关于结尾签名……………………………………………………170

　七、电子邮件回复技巧………………………………………………171

第二节　如何用电话沟通 172

一、电话沟通的使用场景 172
二、电话沟通的注意事项 172
三、接电话注意事项 173
四、打电话注意事项 175
　　相关链接　如何电话邀约客户 176

第三节　如何用微信沟通 178

一、微信沟通的礼仪 178
二、微信沟通的技巧 179
　　相关链接　职场沟通，需谨慎使用微信语音功能 181
三、与领导微信沟通的注意细节 183

导读
沟通，心与心的交流

沟通力——正向有效沟通，从心开始

场景导入

小陆是××电子公司采购部的一名采购主管，每天要和不同的供应商打交道，对上要请示汇报，对下要安排部署。这些日常工作的开展，都离不开沟通。有时候一天下来，嘴皮子都磨破了，不是上司不满意，就是下属不服从，要不就是供应商"掉链子"，特别是每个月的月底，交货期逼近，更是让他觉得心力交瘁。

一个周日的下午，由于妻子有事，平时送孩子上美术培训班的任务就交给了他。把孩子交给了培训老师，他出了教室，就在楼下等着孩子下课后一起回家。等了不到两分钟，他发现有不少成年人都往旁边教室去，不一会儿，教室里就响起了掌声，由于好奇，他便凑过去看看。隔着窗户，他看到有一名老师正在上课，教室的PPT上显示着"沟通，从心开始"几个大字，只听见老师说道："生活中，你缺乏沟通，可能是导致身边朋友稀缺等问题的原因所在；但在工作上，若缺乏良好的沟通和协调能力，你可能会失去一个升职的机会，甚至是一份不错的工作。一个人的沟通协调能力是很重要的，若善于沟通，良好的沟通效果往往会使人很快在工作中打开局面，赢得宽松的发展空间，并且有较高的成就感……"

不知不觉，十分钟过去了，小陆听得很专心，对老师的说法不时点头表示赞同。而教室里的老师也发现了小陆在旁听，便邀请他到教室里坐着听。

这时老师向他做了一个自我介绍："你好，我是这里的培训老师——刘老师，我们培训的课程主要是有关职场沟通的，看你好像对我们的课程很感兴趣哟！"

小陆激动地说："原来还有这方面的培训课呀，我能参加吗？"

刘老师说："如果你有兴趣，当然欢迎，而且今天也是我们这一期的第一节课，你想参加的话，那我们就接着上课了，下课后你去办一下手续就行。"

小陆立即做出决定，忙说："好！"

这时，刘老师说："现在，欢迎大家做一个自我介绍吧。"

此时，大家纷纷响应，小陆边听边记，坐在他左边的是来自××餐饮公司的小黄，右边的是××公司的小于，前边戴眼镜的男孩是××公司的小陈，还有××公司的小杨……

刘老师笑着说："好，大家都互相认识了，那接下来我们继续上课。大家都知道，职场中，良好的沟通能有效地提高工作效率，更快地解决工作上的问题。要想形成一个团结高效的团队，必须得多沟通交流，你可以大胆地尝试一下与同事敞开心扉进行沟通交流，不仅可以拉近你们的距离，对你的工作也会有很大帮助。这节课，我就抛砖引玉，先来和大家聊聊如何用心地沟通。"

职场中，为何双方说了半天也没有抓住沟通的本质？为何已经布置了工作，下属却没有任何反应？出现这些"沟"而不"通"的情况，主要是由于你没有用心与他们沟通。只有在沟通之前排除双方的沟通障碍，在沟通过程中抓住沟通的本质，并根据说话内容及时做出反馈，才能实现完美沟通。那么如何做到用心沟通呢？

一、建立信任

积极沟通是建立和维持良好人际关系的关键因素，沟通中90%的成效取决于对方对你的信任。当下属或是同事工作出现问题的时候，我们要做的不是去一味指责，而是采取"同心反射"的方式，对对方的焦虑而不信任进行感受层次的理解，这也是形成优秀团队的前提条件之一。

沟通的基础在于信任，其能否成功取决于是否事先去做，并且是求同存异的。同时，针对不同的沟通对象，要采取不同的对策，如下图所示。

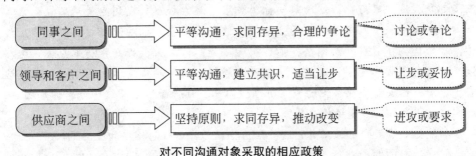

对不同沟通对象采取的相应政策

二、用心沟通

日常的沟通对话中，你倾向于用脑还是用心呢？用心沟通的人更擅长运用情感，用脑沟通的人更擅长运用逻辑。那这两种沟通方式究竟有什么不同呢？

假设，你带着你的团队，在做一个很重要的项目，这个项目关系到公司的战略和发展，可以说，第二年公司能不能上市，就看你们这个项目了。你和你的团队已经奋战了7个月的时间，还有1个月就初战告捷了。这时，你团队中的一个核心骨干成员小王突然找到你，说要请半个月的假。

一般情况下，你肯定会询问他请假的原因。如果你采用了各种方法，他依然守口如瓶，始终一句话："领导，原因我不方便说，但是这件事情真的很重要，非常非常重要，我不得不回去，而且回去肯定会耽误半个月的时间，希望领导能够批准。"

当这件事情发生的时候，你会如何处理呢？

有些人会很直接地说："小王，现在这个项目在最紧迫的阶段，不管有什么紧急的事情，我们都要为这个项目做出让步。你看A员工，老丈人生病了都没回去，再看B员工，老婆生孩子也没回去，我家里面也有很多事情都没顾得上。你想，公司把这么大、这么重要的一个项目交给我们团队，就是对我们的信任，我们也要有相应的承担。只要这个项目完了，别说半个月，2个月的假期我都可以给你，还可以向公司申请让你去出国旅游。但是现在，你必须坚持到底。"

有些人会比较委婉地说："小王，我非常理解你的心情，虽然你没有说是什么事情，但我能看出你的焦虑，我想，这件事情对你来说一定很重要，我也希望给你假期，让你去处理这件事。不过我们团队的情况，你也知道，你是我们这个团队的核心骨干，要是没有你的话，这个项目恐怕做不出来。你看我们大家，这么长时间以来，为这个项目付出了这么多，你也不希望我们前面的努力白费吧？所以希望你还是能慎重考虑一下。"

（假如你是这个想要请假的员工，当你听到这两段话的时候，会是什么样的感受呢？）

还有一种人，他们在遇到这种情境的时候，会带着感情对请假的员工说："小王，都是我没照顾好你，这段时间你工作累，经常加班熬夜到凌晨两三点，常常忙得顾不上吃饭，人都瘦了一圈，看到你这样，我真的很难受。你请假也是应该的，我给你买了胃药和头痛药，你这次回去的时候带上，好好养一下身体。这些钱，你就别跟我客气了，拿回去孝敬一下爸妈。项目的事情你也别操心了，这边有我顶着，你安心处理家里的事儿。这段时间，让你受累了。这样吧，你走之前，咱俩好好喝两杯，算是给你赔罪钱行了，好吧？"

如果你是请假的员工，听到这段话，你又是什么样的感觉和反应呢？

显然，前面两段对话是用脑沟通的，思路清晰，逻辑性强；后面一段对话是用心沟通的，体贴入微，情深意切。不知道大家有没有感受到，用心沟通比用脑沟通更有感染度和影响力？

沟通密码

沟通就是心与心之间的交流，其主要目的就是达成彼此的利益和目标，是一种心理上的战术，在职场中非常重要。

三、赢得人心

管理要"走心"，"走心"重在沟通。沟通是实现人心管理的重要工具。正确的沟通，能使成员心态平和严正，开开心心地、主动积极地融入组织的文化氛围中去。

真正赢得人心，是以心交心，以情动情，是让对方能够从你的眼神、表情和肢体动作中感觉到，你顾及他的感受，你照顾他的利益，你关注他的想法，在你心中，他，很重要。

第一章
深入分析，让沟通轻而易举

沟通力——正向有效沟通，从心开始

场景导入

又一个周末，小陆和女儿准时出门，参加各自的培训。安顿好女儿后，小陆赶到教室，学员们也相继赶到。

随后，刘老师走了进来，高兴地说："很高兴，我们又见面了。上一节课，主要是让我们大家相互了解，增进大家对'沟通'的认识。从这节课开始，我们进行正式培训。"

"美国沟通大师保罗·蓝金研究显示：管理者的沟通时间有45%花在听，30%花在说，16%花在读，9%花在写。由此可见，沟通是我们人生中非常重要的技能和常识。而高效的沟通更是可以让我们的工作事半功倍，与同事相处融洽，职场升迁顺畅。"刘老师接着说："那什么是沟通呢？比如，两个人见面，互相打招呼，'吃过了吗？''吃过了！'这是寒暄，不是沟通。又如，当我们出生的那一刻，我们已经学会了沟通，第一声的啼哭，第一次的微笑，这都是我们在和这个世界及我们身边人进行沟通。

沟通不仅是与人交流，更重要的是为了解决问题。良性沟通是走向成功的必要条件，作为一个现代人，不仅应该学会职场沟通的方式，日常生活中多掌握一些人际沟通的技巧，也有助于建立良好的人际关系。

但是，现代人的沟通中存在多种障碍，比如心理结构、习惯差异造成的文化障碍；外语、方言造成的语言障碍；上下级关系造成的组织障碍；性格、情感、疾病造成的心理障碍；以及时间、环境、利益等造成的其他障碍。

这节课，我们就来共同探讨与分析有关沟通的一些常识。"

刘老师的话刚说完，学员们就各自打开自己的笔记本，准备随时记录。

第一节　沟通是无时不在的

人生的路要经历多个阶段，从出生到上学，再从上学到工作；从孩子到青年，再从青年到为人父母。在人生的每一个阶段里，沟通都如影随形地跟着我们，为我们的人生发展起到了不可或缺的作用。当然，在我们人生发展的不同时期，沟通的对象和方法也会随之改变，沟通在每个人的成长过程中起着重要的作用。

一、幼年阶段

小时候，妈妈把你哄睡后，到厨房做饭，这时你醒了，你想告诉妈妈你饿了、你不舒服了……怎么办？于是，你开始用哭声和妈妈沟通；你想告诉妈妈你很开心、你很健康、你很喜欢她……怎么办？你开始用微笑和妈妈沟通。

孩子在幼年时期，沟通的对象主要是父母，这就是人生的第一课。通过和父母的沟通，我们学到了最基本的语言、知识以及最基本的做事情的方法，这对以后漫长的人生来说都有着极大的裨益。

二、青少年阶段

少年时你要学会与伙伴们沟通，这样你才会有很好的人缘儿，身边有很多的小伙伴，你才会健康快乐地成长。青年时你步入了恋爱期，你要学会与你心仪的男孩/女孩沟通，找到你的"白马王子"或"白雪公主"，成就你完美的爱情。如果你不善于沟通，就很有可能导致甜美的爱情结下苦涩的果实。

一对青年男女正处于热恋期，这一天女孩主动打电话约男孩到江边漫步，男孩兴奋不已地如约而至，在他焦急的等待中女孩像天使般飘然而至，她穿着一件崭新的花裙子，站在男孩面前，用期待的眼神望着他，男孩没有任何反应，于是女孩在男孩面前转了几圈，头都快转晕了，男孩依然没有任何反应，女孩哼了一声，哭着消失在男孩的视线中……

故事中的女孩到底想的是什么呢？如果是一个很会沟通的男孩就会知道，这个女孩想得到的仅仅是男孩的赞美。

当然，在青少年阶段，与父母的沟通也是一件相当重要的事情。在这里，我们重点介绍一下青少年与父母的关系。美国心理学家约塞森将青少年与父母关系的发展分为下图所示的四个阶段。

从下图中可以看出，青少年在第一阶段和第二阶段是亲子关系最为艰难的时期，若能够顺利度过前面两个阶段，孩子与父母之间的关系就会变得和谐融洽。

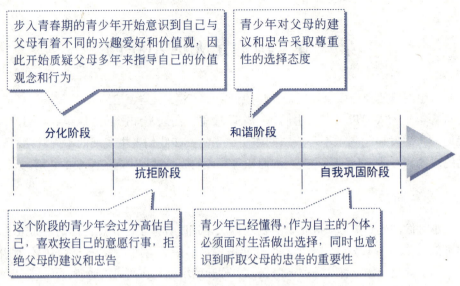

青少年与父母关系的四个阶段

三、中年阶段

人到中年更需要用沟通来取得事业和家庭的双丰收。哈佛大学的一项调查结果显示：在500名被解职的人员中，因人际沟通不良而导致工作不称职者占了82%。

唐代著名政治家陆贽说："上情不通于下，则人惑；下情不通于上，则群疑，疑则不纳其诚，惑则不从其令。"其表达的意思如下。

（1）在工作中如果你不能和上司有良好的沟通，那么你的上司会对你有一种不信任的心态，即使你做得很好，他也不会太喜欢你，晋升和加薪只会与你擦肩而过。

（2）工作中如果你不能和你的下属进行良好的沟通，你的命令下属不理解、不认同、不执行时，就会导致部门工作效率和质量低下，辞掉你的下属无人做事，不辞掉你的下属你干不成事，下属成了"鸡肋"。

（3）工作中如果你不能和你的同事进行良好沟通，你的人际关系一定不会好，工作就不会顺心，因为没有人会和不懂沟通的人有良好的合作。

因此，美国通用电气集团CEO杰克·韦尔奇说："管理就是沟通、沟通、再沟通。"

在工作中与上级、下属、部门的沟通，将在本书第四章予以重点介绍，在此不予赘述。

人到中年，事业的成功只实现了人生成功的50%，而另外50%的成功是家庭的幸福，没有幸福家庭的人生是不完整的人生。

假如你想让妻子给你做顿红烧肉吃，你会怎么说？

你用命令的口气说："老婆，明天一早给我做红烧肉，我想吃！"

妻子会怎么回答？"美得你！想吃啊，自己做去！"

反之，如果你这样说："老婆，你知道这些年你让我感到最幸福的是什么吗？"

妻子肯定会用好奇的眼神望着你，这时，你说："是你做得一手好菜，特别是刚恋爱时你给我做过的红烧肉，现在还令我记忆犹新，想想还直流口水"，这时，你适机擦擦嘴，做出很陶醉的样子……

你猜怎样，第二天天还没亮，妻子就挎上篮子，到菜市场买最好的五花肉、老抽……你吃上了美味的红烧肉。

如果你不善于沟通，就很难享受到幸福美满的家庭生活。其实，沟通渗透在我们生活中的每一个角落。

一个亿万富翁在半夜两点走在城市的大街上，一个警察问他："这么晚了您怎么还不回家啊？"这个亿万富翁冷冷地答道："我没有家。"这个警察很纳闷地问："您身后的那一片别墅不都是您的吗？"亿万富翁还是冷冷地答道："那只是我的房子！"

是啊！钱可以买到房子，但买不到家；钱可以买到手表，但买不到时间；钱可以买来娱乐，但买不来快乐；钱可以买来床，但买不来睡眠；钱可以买来随从，但买不来朋友；钱可以买来食物，但买不来食欲；钱可以买来医药，但买不来健康；钱可以买来书籍，但买不来智慧……这些道理告诉我们，只有很好的沟通才有利我们建立和谐融洽的工作氛围，有利于我们处理各种复杂纷繁的社会关系，有利于我们在工作中提升自己。

四、老年阶段

人到老年，内心空寂，沟通就显得格外重要。因此，作为子女，一定要经常与父母沟通。

案例赏析

父母的爱

2010年，小文的母亲满60岁，过年时他坐飞机回东北老家和父母团聚。在吃年夜饭时父亲夹了一个鱼头送到母亲碗里，因为母亲很喜欢吃鱼头，这是全家人都知道的。原本在吃饭时相互夹菜也是很平常的，他也没太在意，让他想不到的是母亲又把鱼头夹回父亲碗里，说："你吃！"父亲又夹起鱼头送回到母亲碗里，随后母亲又把鱼头夹回父亲碗里。在几番"大战"后，他有些看不下去了，于是小声嘟囔："不就一个鱼头嘛！谁吃还不行……"父亲听到了，用眼睛看了他一眼，他知道父亲不高兴了，便不说话，自己吃自己的饭了……

【点评】

其实父母的举动原本就是一种沟通，他们相濡以沫、风雨同行几十年，内心沉淀了对对方深厚的爱，怎么表达呢？生在20世纪50年代的他们，连拉手都不会在外人面前表现，更不用说像"80后""90后"那样，爱对方就用行动表现出来，他们是在用心的交流来传递相互的爱意。

第二节　沟通是有目的的

沟通是有目的的，与聊天不同。两个人坐在一起聊天，嗑着瓜子，喝着茶水，天南地北都可以说。但这样的沟通没有任何目的可言，也是无效沟通。

沟通应该是有明确目的的，因此我们必须时刻记住目的，否则沟通一定是失败的。

记得上大学时，教授讲过这样一个故事：有三只猎狗追赶一只土拨鼠，土拨鼠钻进了一个树洞。这个树洞只有一个出口，可不一会儿，从树洞里钻出了一只兔子。兔子飞快地爬上了另一棵大树。慌忙中兔子没站稳掉了下来，砸晕了正仰头看的三只猎狗，最后，兔子终于逃脱了。故事讲完后，教授问大家："这个故事有什么问题吗？"大家提出了很多问题："兔子不会爬树""一只兔子怎么可能同时砸晕三只猎狗呢"……直到再也没人能挑出毛病了，教授才问大家："土拨鼠哪儿去了？"

其实，很多人做事往往容易受干扰，常常把所有的注意力放在半道杀出的"兔子"身上，把原始目标抛到九霄云外了。

有一位父亲带着三个孩子，到沙漠去猎杀骆驼。他们到达了目的地，父亲问老大："你看到了什么呢？"老大回答："我看到了猎枪、骆驼，还有一望无际的沙漠。"父亲摇摇头说："不对。"父亲以相同的问题问老二，老二回答："我看到了爸爸、大哥、弟弟、猎枪、骆驼，还有一望无际的沙漠。"父亲又摇摇头说："不对。"父亲又以相同的问题问老三，老三回答："我只看到了骆驼。"

一般而言，在工作中，上司与下属的沟通具有四个目的，具体如下图所示。

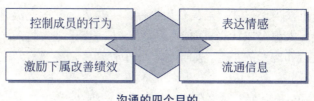

沟通的四个目的

一、控制成员的行为

你的下属有没有按照你的意思去做，这件事情不沟通是不会知道的，因此，沟通的第一个目的是控制成员的行为。换句话说，下属到底有没有按照你的意思去做，如果他不知道，那么，你是否注意到了？看完下面的案例赏析，你就会明白这种沟通的目的是什么了。

 案例赏析

做指挥的总经理

某市有一家五星级酒店，这个酒店的外籍总经理是法国人。酒店的常客每次去酒店，几乎都会看到他，不管是早上去还是中午去，也不管是下午到还是晚上到。有一次，一位客人跟他聊了聊，说："老总，我每次来都看到你这么忙啊！"他的回答很简单："先生，管这家酒店，如果要让它能够真正像个五星级的酒店，我每天上上下下地跑大概要30次。"

他接着介绍说，他平时很少说话，但是他的手一直不停地指：当一个行李员站的位置不对时，他的手马上就指过去；吃自助餐时，一个餐具没有摆好，他的手马上指一下；当一个服务员的声音太大、动作太慢的时候，他同样用手指一下。他就这样上上下下地跑，对于游泳池，他都会站在那里看，用手在那里指。

【点评】

该酒店之所以是该地区做得最好的酒店，与这个总经理上上下下地盯着不无关系。沟通，讲得简单一点儿，就是人与人的接触，如果这个总经理不这样上上下下地跑，怎么可能接触到下属呢？

二、激励下属改善绩效

沟通的第二个目的是激励下属，也就是改善其工作的绩效。

自从计算机被当作日常必需品使用以后，人与人之间的交流就日渐减少。每天一上班，很多人都坐在计算机面前，一直到下班，于是人与人之间失去了很多面对面直接交流和沟通的机会。如果你是一个管理者，不要常常坐在自己的办公室，而是应该多出去走走，你会发现两件事情。

第一件事：不是每个下属都在做一些有意义的事情。

第二件事：人与人之间的连接不是由他们本身自主串接起来的。

一个团队好比是一条珍珠项链，下属是一颗颗珍珠，但是中间如果没有一根线串起来，这条珍珠项链是没办法戴的。此时，作为管理者的你，要主动一点，你就像中间的那根线，帮员工串接起来。因此，管理者不是天天开会，天天对着自己的计算机就够了，而是要走出去把下属串接一下，这样做可以有效地激励下属。

 案例赏析

通过走动式管理来激励下属

艾森豪威尔是第二次世界大战时的盟军统帅。有一次，他看见一个士兵从早到晚一直挖壕沟，就走过去跟他说："大兵，现在日子过得还好吧？"士兵一看是将军，敬了个礼后说："这哪是人过的日子！我在这边没日没夜地挖。"艾森豪威尔说："我想也是，你上来，我们走一走。"艾森豪威尔就带他在那个营区里面绕了一圈，告诉他当一个将军的痛苦，以及肩膀上挂了"几颗星"以后，还被参谋长骂的那种难受，打仗前一天晚上睡不着觉的那种压力，以及对未来前途的迷惘。

最后，艾森豪威尔对士兵说："我们两个一样，不要看你在坑里面，我在帐篷里面，其实谁的痛苦大还不知道呢，也许你还没死的时候，我就活活地被压力给压死了。"这样绕了一圈以后，又绕到那个坑的附近的时候，那个士兵说："将军，我看我还是挖我的壕沟吧！"

【点评】

这个故事说明沟通就是一种激励。管理者在日常工作中，下属一般不太知道你在忙什么，你也不知道他在想什么，你的痛苦他未必了解，他在做什么你也未必知道。其实，这就是失去了激励。

尤其对那些采用隔间与分离的办公室的公司。作为一个管理者，你应该想办法弥补这个问题，常常出来走动走动，哪怕是上午十分钟，下午十分钟，对下属都会有非常大的影响。在管理学上这叫作走动管理。很多大公司反对把每个人分隔在一个小房间里面，其管理上的情与理也就在于此。

三、表达情感

在企业管理中，情感指的是工作上的一种满足或者挫败。

比如，安利公司有一个优点，它不像一般公司那样总是把"英雄豪杰"的照片挂在墙上。该公司有个很好的习惯，就是每一次找一个成功的业务员，叫他把故事讲给其他人听，再找一个失败的业务员，把他的挫折感讲给别人听，让大家一起交流。最后再把五个成功的人和五个失败的人聚集在一起，让大家再一次互相交流。安利的成功，与这种情感分享有很大的关系。

四、流通信息

对于流通信息的沟通方法，日本人的经验特别值得借鉴。日本的管理者之间在移交工作时，很少是同一天移交的，中间还要在一起工作一段时间。通常是半个月，至少也得一个星期，这表示流通信息的沟通不会断裂。

日本企业的崛起与兴盛，与其从来不让流通信息的沟通断裂有很大关系。因为流通信息一旦断裂，其他事物都将从头开始，一家公司好不容易栽培一个经理，结果他一离职，另外一个人就要从头再来。在他们身上投资，不是浪费吗？

第三节 沟通是有方式的

一、单向沟通

单向沟通是指发送者和接收者这两者之间的地位不变（单向传递），一方只发送信息，另一方只接收信息。

单向沟通的速度快，信息发送者的压力小，但是接收者没有反馈意见的机会，不能产生平等和参与感，不利于增加接收者的自信心和责任心，更不利于建立双方的感情。

三星公司董事局主席李健熙在1997年决定进入汽车产业。当时很多三星的高层经理心里都很清楚，汽车产业早已经是生产大量过剩、各大巨头打得"头破血流"的一片"烂泥潭"。但是李健熙是一位非常强势的领导者，也是一个狂热的汽车爱好者。结果是，三星汽车刚刚投产一年就关门了。李健熙不得不从自己的腰包里掏出20亿美元来安抚他的债主们。这时候他才感到震惊："为什么当时我说要上马的时候就没有一个人反对呢？"

专权独断的人总认为只有自己的意见才是正确的，他们不屑于双向沟通。即使在公司开全体大会谈论问题的时候，他也总是会毫不留情地批驳别人的意见而坚持自己的主张,他强硬的态度使得大家都不敢说出自己的看法,结果以后开会时不同的声音越来越少了,最后变成"一言堂"。

二、双向沟通

在双向沟通中,发送者和接收者两者之间的位置不断交换(双向传递),且发送者是以协商和讨论的姿态面对接收者,信息发出以后还需及时听取反馈意见,必要时双方可进行多次重复商谈,直到双方共同明确和满意为止,如交谈、协商等。双向沟通的模型,具体如下图所示。

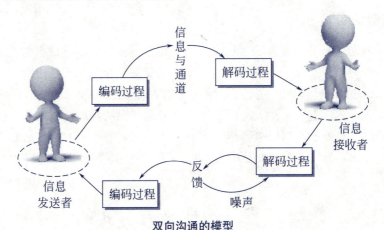

双向沟通的模型

由上图可知,双向沟通就好像双方打电话,一方的声音通过电话转变成电磁波发射出去,另一方的电话再将电磁波转变成声音可以听到,然后给对方一个回应或反馈。即信息发送者发射信息,信息接收者接收信息并进行反馈,形成双向的循环,这个过程被称为双向的沟通循环。

> **沟通密码**
>
> 只有通过双向沟通的信息才有可能是准确完整的。从沟通过程来看,相互之间要有来有往,才能形成有效的沟通。

三、乔哈里视窗

沟通学上有一个非常著名的理论叫乔哈里视窗,这个理论可以很好地诠释沟通的技巧。乔哈里视窗最初是由乔瑟夫和哈里在20世纪50年代提出的,视窗理论将人的内心世界比作一个窗子,然后被分为四个区域:开放区、盲点区、隐藏区、未知区,具体如下图所示。

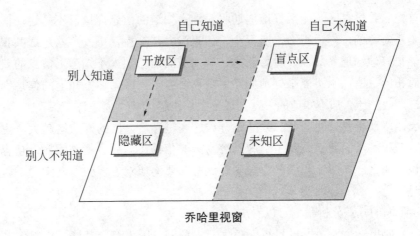

乔哈里视窗

1. 开放区

在开放区，是自己和别人都知道的信息。如你的姓名、优点和缺点、一些家庭情况、部分经历和爱好等，你自己和别人都知道，这个信息就处于开放区。不过，开放区的信息具有相对性，有些事情对于某些人来说是公开的，而对于另一些人可能会是隐秘的，如你的年龄、喜好，对于你的父母、亲朋好友就是公开的，对于陌生人就是隐秘的。一个陌生人问你年龄、喜好时，出于自我保护，一般你都不会告诉他。

2. 盲点区

在盲点区，是自己不知道，别人却知道的盲点。如本节所提到的三星公司董事局主席李健熙进入汽车产业失败的案例。由于李健熙做事喜欢专权、独断，因此很难听到关于这件事的真实声音，造成了别人知道汽车产业早已是一片打得"头破血流"的"烂泥潭"，而李健熙自己不知道的盲点，最终只能自食其果，以失败告终。

3. 隐藏区

隐藏区，是自己知道，别人却不知道的秘密。如你的某些坎坷的经历、不幸的遭遇、曾经做过哪些傻事等，你会见人就说吗？不会！你会把它埋藏在心底。再真诚的人也需要隐藏区，一个内心完全没有隐藏区的人基本上是不存在的。

4. 未知区

未知区是自己和别人都不知道的信息。如你从来没喝过酒，别人也没见你喝过酒，偶然一次机会你接待了一批客户，为了谈成这笔大生意，没办法只能硬着头皮喝酒，结果你把在场所有人都"喝到桌子底下了"，生意也谈成了，你的上级对你刮目相看，你自己都十分佩服自己，原来我还很能喝酒，自己喝酒的潜能就这样被挖掘出来了。

首先，看盲点区，能很好地沟通吗？别人知道的信息你自己不知道，信息的获取是不对称的，你说得多，听得少，信息没办法交换，更没办法达成共识，所以不能很好地沟通；其次，看隐藏区，你知道的信息别人不知道，信息的获取也是不对称的，所以也不能很好地沟通；最后，看未知区，你不知道的信息别人也不知道，两个什么都不知道的人，沟通更无从谈起。

因此，真正有效的沟通，只能在开放区内进行，共同的开放区越大，说明沟通双方越了解，沟通双方越了解就越容易建立信任，沟通也就越顺畅，越容易达成共识。那么，如何让开放区变大呢？这就需要沟通双方多做双向沟通，做到多说多问。

从上面的几点分析我们可以看出：

（1）如果一个人之所以盲点区最大，主要就是因为夸夸其谈，说得太多而问得太少，不去询问别人对他的意见反馈；

（2）如果一个人之所以隐藏区最大，主要就是因为这个人内心封闭，问得多而说得少，与这样的人沟通，我们往往会缺乏安全感，引起我们的防范心理，最后变成自己说得也少了；

（3）如果一个人之所以未知区最大，主要就是因为他们问得少、说得也少，不问别人对自己的了解，也不主动向别人介绍自己。

如果一个企业能很好地应用乔哈里视窗，不时地组织公司各级领导（包括总经理、副总经理、总监、部门管理者）开一开座谈会，在这个会议上不谈工作，全部用来玩游戏。在玩游戏的过程中，大家互相介绍自己的背景，从自己的出生开始介绍，介绍自己的人生历程，自己的坎坷，甚至梦想。那么，经过这样几次背景介绍后，管理团队之间就会越来越了解，个人友谊也会明显增进，沟通的开放区就会变大，团队之间的凝聚力也会明显增强，这种会议就会成为企业的一种独特文化，成为企业健康发展不可或缺的一部分。

第四节　沟通是有障碍的

所谓沟通障碍，是指信息在传递和交换过程中，由于信息意图受到干扰或误解，而导致沟通失真的现象。在人们沟通信息的过程中，常常会受到各种因素的影响和干扰，使沟通受到阻碍。

一、沟通漏斗原理

在讲解沟通障碍前，首先来看看沟通漏斗原理，具体如下图所示。

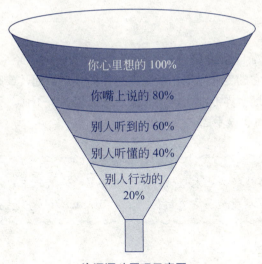

沟通漏斗原理示意图

从上图我们不难看出,一个人想表达的是100%,但是说出来的只有80%,别人听到的只有60%,别人听懂的只有40%。

二、个人障碍

人与人之间存在的障碍叫作个人障碍,沟通的个人障碍有五种:地位的差异、信息的可信度、认知的偏误、过去的经验、情绪的影响,具体如下图所示。

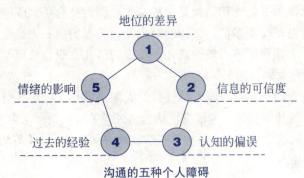

沟通的五种个人障碍

1.地位的差异

(1)下属对上司好沟通,还是上司对下属好沟通?

作为高级管理者,不要埋怨下属不来找自己,反而要自己每天去找他们沟通,也不要常常坐在办公室里,应该坐在外面,这样下属能够接近你,就容易与你沟通。你回到你的办公室,就再也没有人愿意敲你的门。因此,一个高级管理者应该有两张桌子,一张桌子摆在总经理的办公室中;另外一张桌子摆在外面,与员工坐在一起。

（2）专业术语。

有些人喜欢炫耀自己的专业素养，所以讲话的时候，经常说一些专有名词。其实各行各业都有它的专业术语，所以你与你的客户沟通，或跟其他不懂这行的人沟通，不要过度地卖弄专业术语。人家不好意思说听不懂，你会因此失去了沟通的机会，最后生意也谈不成。

> **沟通密码**
>
> 　　一个人在卖弄他的专业术语的时候肯定会影响沟通的正常效果，在沟通时，遇到专有名词，应尽量地将它直白化，采用让人家听得懂的方式进行沟通。

2. 信息的可信度

作为一个管理者，如果讲话没有公信力，就很难让人相信。因此要记住，你的话一讲出去就要有很高的可信度，如果常常讲一些很虚的东西，久而久之下属就失去了兴趣。管理者在讲话和传递信息的时候，至少要有80%的可信度。那种没有可信度的东西讲多了没有人相信，最后的结果是不但浪费时间，还会影响到沟通的效果。

3. 认知的偏误

人们有时候会对某种特定事物带有某种偏见，比如，有人说同样一个职位，用男职员比用女职员好，这句话就是一种偏见。因为社会学家证明的结果，女职员和男职员的智慧是差不多的，工作的耐力及对公司的向心力也是差不多的，只有对某些事情，女职员的体力差一点儿，粗重的活儿女职员负担不了，但是并不能因为这样就否定女职员的工作能力。

用结过婚的女职员还是用没有结过婚的女职员？有人说，我们最好用没有结过婚的女职员。这其实也是一种偏见，认为结过婚的女职员会常常关注她的家庭，关注她的孩子，关注她的爱人，其实没有结过婚的女职员，弄不好更心猿意马。

4. 过去的经验

作为管理者，不要常常说这是我的经验，你应该跟下属这样说，我过去遇到这种事情的时候，我有这种想法，现在说出来给你作个参考。因为经验不见得是正确的，也有错误的经验。

有句话叫作"成功不可以复制"，如果打折就可以解决问题，那百货公司只要打折就可以了，各大城市的百货公司，每年到了年底，哪一家不打折？如果打折真能解决问题，一些百货公司还会倒闭吗？其实那是一个过去的经验。作为管理者，千万要记住，以前成功的方法不能再用，再用就不见得能成功了。

5.情绪的影响

情绪所涵盖的不只是精神层面，其所影响的也不只是个人感受的问题，还影响认知思考、行为表现。有人将情绪、行为、认知比作等边三角形，三者必须配合而非抗衡，才能使个人身心处于平衡状态。

你与别人沟通的时候，最容易受到情绪上的干扰，因为人都有脾气，尤其是做到管理者时，压力更大，心情常常不好。因此，就迫使稳定状态的等边三角形变成了不等边三角形，具体如下图所示。

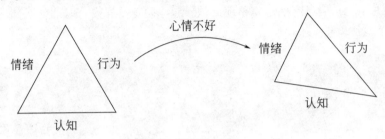

情绪的影响状态

作为管理者，明知自己脾气不是很好时，可做一个这样的简单约束：做一个重要的决策，一个会让人痛苦的决策，将其搁置一个晚上，第二天再拿出来，隔一个晚上让自己的情绪沉淀再沉淀，情况可能就完全不一样了。

三、沟通的组织障碍

组织机构臃肿，结构设置不合理，各部门之间职责不清，分工不明，就会给沟通双方造成一定的心理压力，引起传递信息的失真和歪曲，从而失去信息沟通的有效性。

沟通的组织障碍，就是公司里面所发生的问题。组织的内部结构以及组织长期形成的传统和气氛，对内部的沟通效果会直接产生影响。公司里各部门之间的沟通又有哪些障碍呢？其主要包括五个方面，具体如下图所示。

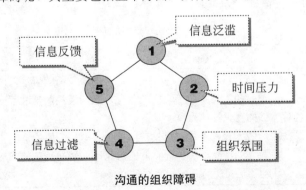

沟通的组织障碍

1.信息泛滥

现在,很多人上班的第一件事情就是打开计算机接收电子邮件,浏览和回复电子邮件就花费两个小时,确实太浪费时间,也太浪费精力了。其实许多电子邮件都是垃圾邮件,很可能里面90%的内容是没有什么意义的。

其实,我们在工作中可以用这样的方式来处理工作报告:送报告给领导看时,要做好信息整理。一般而言,如果普通员工所看的信息是30页,给部门经理、部门副经理看最好为20页,给总经理、副总经理看最好为10页,给董事长看最好为5页。这并不表示信息不愿意完整地给领导看,而是领导没有时间什么都看。宝洁公司就有这么一句名言:"尽量用一张纸。"

> **沟通密码**
>
> 呈送给董事长、总经理、厂长等的文件上面一定要有一个摘要,不管内容有多少页,摘要一定要包含重要事情的详细记录。

2.时间压力

当年为了福克兰岛,英国与阿根廷闹得很不愉快。为了这个小岛,英国首相只用了三天时间就做出了对阿根廷宣战的决定。但是,英国议会在讨论骑摩托车是否要戴安全帽的议案时,讨论了三年却还是没有结果。这是什么原因呢?由此可以得出,在时间的压力下,很容易产生仓促的决定。

管理学上有一个很有名的理论,叫作芝麻绿豆原理。所谓芝麻绿豆原理,就是对于重要的事情两三天就下决定了,而对于不重要的事情却拖了很长时间都没有下决定。重大决策有时太过于仓促就下决定了,而不重要的事却要花费很长时间,在沟通过程中,经常会发现如此有趣的事情。

3.组织氛围

下属提意见,管理者的心情好不好,这其实是一种氛围的问题。造成组织沟通障碍的氛围有三种情况,如下表所示。

造成组织沟通障碍的氛围

序号	类别	具体说明
1	不同意见就是负面的	(1)对不同的意见,我们总是抱着负面的看法,所以很多人对管理者和上层不敢提负面的意见,因为组织的氛围不允许存在这种负面的意见,认为负面就是不好 (2)存在不同的意见在所难免,但是不同的意见常常可以改善决策。为什么下属一提不同的意见,上司的脸色就那么难看?这表示对不同意见都认定为负面的心理

续表

序号	类别	具体说明
2	冲突在所难免	人与人之间发生冲突在所难免,所以我们要尽量使用沟通技巧来解决这种人际关系。作为管理者,应该注意这种组织氛围,不但要鼓励他们发生"冲突",要容忍,而且还要承认这是一种人性
3	没有意见的公司永远不会有很好的点子	太安静的公司不好,没有意见的公司也永远不会有很好的点子,所以我们要鼓励"冲突",鼓励提意见,作为管理者要常常站起来,说:"各位,太安静了,让我们冲一下,冲一下,冲一下!"所以,有效的沟通不像坐下来喝咖啡那么简单,那是达不到目的的。如果你想真正了解你的企业正在发生的问题,想制定正确的目标,就必须营造一种讲话氛围——讲话的人可以大声地争论、激烈地讨论,可以有"合理的冲撞"。只有这样,才能让每个人都以积极的态度加入其中,最终得出正确的答案

4.信息过滤

信息过滤有两种:一种是从上往下的过滤;另一种是从下往上的过滤。曾经发生了一件有趣的事情:董事长讲一句话是一百,下属听到的却只有二十了,这是什么原因?因为很多人把信息称为权力!

5.信息反馈

与客户讲完话就走了,领导讲完话就走了,讲完的话下属没有做完笔记就算完了,这些都是没有反馈的表现。缺乏反馈会产生以下两种不同的后果:一是他不知道你在讲什么;二是他只能按照他的想法去做。

四、克服障碍的方法

克服障碍可以采取下图所示的三种方法。

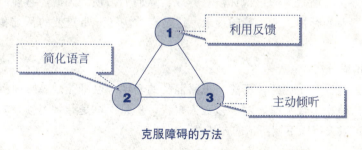

克服障碍的方法

1.利用反馈

如果要求别人做事情,那么你必须要让他养成一个习惯——"回报"。这个"回报"不是指报答,是回头报告的意思。凡是你要求过的事情,不管是你的下属,还是你的平行部门,把你今天要求的事情都写到一张纸上,然后摆到你的桌子上。第二天上班时，如果有人没有"回报"的习惯，这时可将他们一一叫过来，威严地说："以后凡事要养成好习惯，我要求的事情你不要忘记！"

如果是平行部门，也有策略——故意反问他："老张，昨天下午我拜托你的事情有结果了吗？""啊，对不起，我忘了。""那老张，今天中午以前能不能给我答案呢？""应该可以吧。"十一点半的时候再问他一遍："老张，现在离十二点钟还有三十分钟，那个答案不知道出来没有？""啊，对不起！我十二点钟前一定给你。"当大家都知道，你有紧盯到底的习惯时，他们就会按要求把事情做好，这就叫作让他人养成一个"回报"的习惯。

利用反馈不只是指我们交代人家要求他"回报"，同样，人家的交代我们也要问清楚。

比如，有人要求你去买一本笔记本，你应马上询问：

——笔记本是空白的还是有格子的？

——两种笔记本都可以。

——那意思就是随便选一种了？

——好。

——100页的还是50页的？

——我希望是50页左右。

——皮儿是硬壳的还是带皮面的？

——还是硬壳的吧。

只要你把该问的话都问到了，买笔记本回来，对方肯定什么话都没有。否则，你会发现，格子的笔记本一买回去，对方却希望是空白的。你为自己抱怨叫屈，事先怎么不说清楚呢？事实上，不是他不说，而是因为你没问。对方可能还会这样说："你连问都不问啊，你就出去了？"很多人做事都是这样费力不讨好。千万不要怪对方说不清楚，应该说你没有养成喜欢问的习惯。因此，事前问清楚，事后负责任，不要有推、托、赖的现象。这是有效沟通非常重要的基础和应该养成的良好习惯。

2.简化语言

一个人讲话漫无边际，可能是思路混乱的表现，也可能是委婉曲折地达到目的的手段。值得警惕的是，对大多数人来说，那只不过是一种习惯。如何做到简化语言，可以采用以下图所示的方法。

简化语言的方法

（1）讲话要有重点　简化语言的重中之重就是讲话要有重点。一个人的注意力可能只有十分钟，在这十分钟里如果没有抓住客户的注意力，客户就会什么都听不下去了。因此，到对方那里去沟通，向别人作简报，或向别人介绍产品的时候，不要永远都是那套资料，可以先准备一下。

对方如果给你两个小时，你报告什么；对方如果给你一个小时，你报告什么；对方如果给你三十分钟，你报告什么；对方如果只给你十分钟、只给你三分钟、只给你一句话，你想要讲什么。

（2）善用比喻　即使很复杂的问题，也可以用简单的比喻讲出来。所谓善用比喻，就是举例子给人家听，例子因为生动，真实可信，非常容易让人家触动，使听众一听就明白了。

有一次爱因斯坦去参加一个晚会，有一位老夫人跟他说："爱因斯坦先生，你真是了不起啊，得诺贝尔奖了。"爱因斯坦说："哪里，哪里。""爱因斯坦先生，我听说你得诺贝尔奖的那篇论文叫作什么相对论，相对论是什么东西啊？"什么叫作相对论？问他这个话的是一个70多岁的老夫人，爱因斯坦要怎么回答呢？能量等于质量乘以光速的平方，这种相对论的公式，你跟她讲她能听懂吗？爱因斯坦马上就用比喻的方法告诉她了。

"亲爱的太太，当晚上十二点钟，你的儿子还没有回家，你在家里面等他，十分钟久不久？"

"真是太久了。"

"那么亲爱的太太，如果你在歌剧院听歌剧'卡门'，十分钟快不快？"

"真是太快了。"

"所以太太，你看两个都是十分钟，相对不同，这就叫作相对论。"

"哦，我明白了。"

3.主动倾听

有的人自我表现的欲望比较强烈，一个人讲话，另一个人马上就说"不是！不是！不是！"喜欢与人家强辩，到最后得罪了对方。与客户在谈判和讲话的时候，应当注意沉默在前，发表言论在后。我们常说言多必失，话讲多了就有漏洞。找准客户"软胁"最简单的方法就是先听他讲，然后寻找机会抓住他的漏洞，如此，等我们反问他的时候，他就词穷了，这时无论说什么，他都会听得进去。

与对方沟通的时候，要不断地提出问题去澄清你的想法。记住，大部分的问题都是"纸老虎"，越问越狭窄，越问越无处藏身，问题的答案就自然而然地浮现出来了。很多人都不喜欢问问题，喜欢坐在那里闷不吭声，这是不对的。所以一个人在听话和问话的时候，很快就会找到问题的答案。人家说谈判很困难，其实不难，是该听的时候没听，该问的时候没问。

第五节　沟通是有策略的

一、沟通要懂得尊重

　　我们来做个讨论，你的一个平级同事来到你办公室和你沟通，你是该坐在办公桌里面和他沟通呢？还是坐在办公桌外面的沙发上和他沟通呢？很多朋友都喜欢坐在办公桌里面和同事沟通，理由是那样更显得有权威。与平级同事沟通时应慎重使用你的权威，否则会给人留下以权压人的印象，让人口服心不服。如果你坐在办公桌里面和同事沟通，就显得你对平级同事太不尊重了，你把人家当成了你的下属，这样的沟通就变味儿了，变成了平级同事向你汇报工作了。

　　每个人因为能力、志向的不同，会导致社会分工的不同，最后导致财富获得数量的不同，但是在一点上是完全相同的，那就是人格，每个人都有尊重别人的义务和被尊重的权利。

　　世界著名的文学家萧伯纳到国外访问，在街头遇见一位聪明伶俐的小姑娘，就和她一起玩耍。离别时对小姑娘说："回去告诉你妈妈，今天和你玩的是世界著名的萧伯纳。"不料那位小姑娘竟学着萧伯纳的语气说："你回去告诉你妈妈，今天和你玩的是小姑娘卡嘉。"这件事给萧伯纳的震撼很大，他感慨地说："一个人无论他有多大的成就，他在人格上和任何人都是平等的。"

　　沟通的过程是基于相互尊重的基础之上收集正确的信息、给出好的信息和取得进展的过程。如果一个人只尊重自己，不尊重别人，就会成为自大的人，没有人愿意与无视别人的人沟通。所以，对别人不尊重会阻碍自己成为有效的沟通者。同样，如果不尊重自己也会导致无效的沟通。如果我们自我评价很低，我们将不能说出我们的想法、目标、好恶。

二、沟通要懂得换位思考

　　要想别人怎样对你，你就要先怎样对别人，要学会站在对方的角度考虑问题。站在对方的角度思考就是换位思考吗？是的，你可以把你的身份从甲方变成乙方，从领导变成员工，从父母变成孩子，从男人变成女人，从热恋变成夫妻等，这只是掌握了换位思考的形式，没有掌握换位思考的本质，这样的换位思考，有当然比没有好，但还不够，还得努力。除非，你能用别人的思维去思考，而不是换个位置用你自己的思维去理解别人。

　　其实，一个人要做到换位思考，就必须做到下图所示的三个方面。

1. 理解

将心比心，设身处地，这是达成理解不可缺少的心理机制，它以理性思考的形式完成。理解他人往往需要生活的磨砺，经历了角色的转变，亲身体验了你要换的那个位置的滋味后，对其的理解才会更准确。

换位思考必须做到的三个方面

2. 体谅

体谅是理解的延伸，是"由人及己"式的内心体验。它要求自己的内心世界与对方的内心世界联系起来，站在对方的立场上体验和思考问题，从而实现与对方内心情感的沟通，为增进理解奠定基础。

3. 宽容

宽容是"由人及己"后的情感释放，是为人处世的原则，是社会文明的表现。宽容他人需要"容天下难容之事"的胸襟和气魄。一个人经历了再多的磨难，如果不能升华为对人生的感悟，内化为自己的内心修养，那么他的气魄就不会大，胸襟也不会宽广。

总之，换位思考是人类经过长期博弈、付出沉重代价后总结出的黄金法则。我们不能用自己的左手去伤自己的右手，社会是一个利益共同体，如果我们时时、处处、事事进行换位思考，那么人与人，人与社会，人与自然就能够处在一个和谐的状态之中。

在这里，提供一份换位思考能力心理测试题，可以测试一下你的换位思考能力属于哪种类型。当然这个测试主要是一个侧面的反映，只能作为参考。

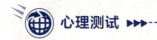 心理测试 ▶▶▶

换位思考能力

朋友邀请你一起参加小组活动，你会参加下列哪一项呢？

A. 外出观光旅游

B. 写作，手工制作，个人才艺表演

C. 化妆美容知识讲座

D. 与环境污染、大自然破坏有关的研讨会

测试结果：

A. 你属于鼓励型。你天生性格开朗，对那些痛苦不堪、意志消沉的人，你会对他们说"没什么大不了的，明天会更好"，以此来安慰和鼓励对方。但是，你不擅长深入谈话，对对方的痛苦不够重视，不算是一个好的倾诉对象。

B. 你属于没有偏见的贴心型。你性格温柔，心思缜密，尤其能够体验那些心灵脆弱、遭遇不幸的人。你的同情不是强者的施舍，而是完全没有偏见的纯真感情，所以你能够理解那些因得不到社会认可而痛苦不堪的人。不过，当遇到比自己幸福的人时，你或许会心生妒忌。

C. 你属于善于夸奖别人，增强他人信心的人。你很会夸奖别人，善于发现对方的优点，并且能够通过口头的夸奖令对方信心百倍。"你完全能够做到""加油吧"之类的话，可以使对方鼓足干劲、信心十足。但是，你总是很强势，不会同情那些喜欢争强好胜却又没有能力的人。

D. 你属于"黑脸包公"型。你为人正直，能够一视同仁。但是，也因为如此，你不能理解别人的心情与内心感受，比如你会说"大家都能承受，你也应该努力承受"之类的话。但往往因为你过于强调集体利益，而容易误解别人的感受。

第二章
了解人性，让沟通深入人心

沟通力——正向有效沟通，从心开始

场景导入

  时间过得真快，一晃一周就过去了，这天，小陆带上女儿开心地出发。途中，五岁的女儿问小陆："爸爸，我学的是美术，你学的是什么啊？"

  小陆说："爸爸学的是如何与人沟通？"

  女儿说："沟通又是什么呀？"

  小陆看着天真的女儿说："沟通呀，就是双方之间的交流啊，就好比你和我现在就是在沟通呢。"

  女儿似懂非懂地说："哦，这不就是说话吗？这你还要去学呀？"

  小陆笑着说："是呀，这里面的学问可大着呢，等你长大了，你就知道了。"

  女儿认真地说："那好，你学会了，可要教我哟！"

  说话间，已到了培训点，把女儿交给了她的培训老师，小陆也安心地上课去了。教室里，学员们和老师都已相继到位。

  刘老师率先开口："大家下午好！经过上节课的学习讨论，相信大家对'沟通'有了更深刻的认识和理解吧。那么，这节课，我们来讨论'人性与沟通'之间的关系。"

  此时，心直口快的小于说话了："沟通与人性还有关系吗？"

  刘老师笑着说："在回答你这个问题之前，大家有没有想过，为什么你的沟通会无效？其实，这个问题的答案很多，比如表达不到位、倾听不够、价值观不一致、情绪错位等，但我认为，所有的答案背后，是你没有真正地理解沟通的本质：人性。

  所有的沟通问题，都来自于你没有把握人性。因为沟通的主体是人，你不了解人性，你怎么沟通？

  真正的沟通高手，就是能够敏锐洞察他人需求，然后提供他人难以抗拒的价值，获得他人的信任，最终达到自己的目的。

  所以，如果你要说话直击人心，你必须学会洞察人性，了解对方内心真正的需求是什么。"

  小于说："听您这么一说，还真是这么回事，那您就给我们详细说说吧。"

  刘老师："好，我们共同来探讨！"

第一节　人性之趋，自由自主

提起匈牙利诗人裴多菲可能很多人都没什么印象，但他的一首诗《自由与爱情》却百年来被全世界广为流传——"生命诚可贵，爱情价更高，若为自由故，两者皆可抛。"

一、人性的趋势就是自由自主

人性的趋势就是自由自主，我们以历史为镜，凡是人民失去自由自主的时候，就一定会发生反抗，秦末陈胜吴广起义就是因为大雨冲坏道路致使兵役误期，按律令要被杀头，人失去了生存的自由自主权；西汉末年绿林赤眉起义，就是因为王莽实行激烈的国有制改革，所有资源都集中到国家，对民间搜刮得太厉害，严重威胁到了人的自由自主。所以说一切违背人性的行为，都是不能长久的，一定会引起奋力反抗，直到恢复自由自主为止。

二、沟通就是要顺天应人

人们在沟通的过程中也一样，不能违背人性之趋，要做到顺其自然，才能水到渠成。那如何做到顺天应人呢？请记住这八个字"言论自由、充分尊重"。

很多人沟通时喜欢打断别人说话，甚至不允许别人说话。

比如，两个人正在沟通时，其中一个人突然说"你别说了""你说得不对""你不要说话""听我说"……沟通过程中打断别人说话，甚至不让人说话，都是很不礼貌的行为，更重要的是违背了人性之趋，自由自主。

你想想：你打断了别人的说话，一个人想表达的内容没表达完，甚至不让人表达，就像一个人很喜欢吃红烧肉，他刚把红烧肉放到嘴里，你说"停一下，别吃了！"你说这个人能好受吗？心里不好受就会影响倾听的情绪，心想"我话还没说完，你怎么知道不对呢？""你不让我说话，你为什么可以说呢？"对抗情绪就此产生了，这种对抗情绪会严重影响沟通效果，甚至导致沟通失败。

第二节　人性之存，趋利避害

邓小平在《解放思想，独立思考》一书中，说过这样一句话："同什么人都可以打交道，但在打交道的过程中要趋利避害。"那什么是趋利避害呢？简单说就是趋向有利的一面，避开有害的一面。趋利避害是人生存的本能，人类社会生存延续必须满足两个条件：第一活着，第二避免死亡。

一、人的趋利本性

趋利，指有利于满足人的本能欲望和社会关系欲望的意识与行为。

人的趋利本性，就像植物的趋光性、向阳性一样，是人的自身生存与发展的需要。人们忙忙碌碌，首先是为了拥有足够的生存、生活资源，然后是追求快乐、幸福。如果没有趋利的本性，就无法推动人类的发展。

二、双赢沟通

既然人生存的本性是趋利避害的，在沟通过程中我们该怎么办呢？请记住这四个字"双赢沟通"。如果沟通不是双赢的，那么结果一定是双输的，即使你在某次沟通过程中侥幸实现了单赢，但那也是无法长久的，因为单赢就意味着对方是输的。输，意味着对方就没有做到趋利避害，违背了人生存的本性，对方输了一次，还会输第二次吗？不会！因为一个人不会被同一块石头绊倒，所以单赢的结果是长久的双输。

那么，如何在沟通过程中获得双赢呢？其实，这也并非是一件易事，双赢沟通难就难在在一个利益的平衡上，如何达到沟通双方都满意。

比如，你和一位同事都很想解决产品交货期问题，因为交货期出问题会直接影响奖金的发放，因此，你找到对方进行沟通。在解决交货期的问题上大家的看法是一致的，只是在具体执行细节上出现了分歧。你认为人员招聘上应该他做，他认为应该你做，两个人都认为招聘人员这件事会耗费自己大量的时间，而且还不一定能招到人，对自己的利益造成极大的伤害，但是又不能不招人，没人怎么保证交货期呢？于是，各不相让，最后发生争执，导致沟通失败。

那么如何才能在沟通过程中找到利益平衡点呢？在本案例中你就可以说"人员招聘我来做没问题，毕竟大家要解决这个问题嘛！但我怕自己会忙不过来，希望你能帮我面试，你看怎么样？"一般来说，只要你的胸怀放开了，别人是不太好拒绝的，因为他一拒绝就会显得自己太计较了，这样沟通也就实现了双赢。

第三节　人性之道，满足需求

人性的规律就是不断满足自我需求。根据马斯洛的观点，可以把人性的需求排列成金字塔的形式，具体如下图所示。

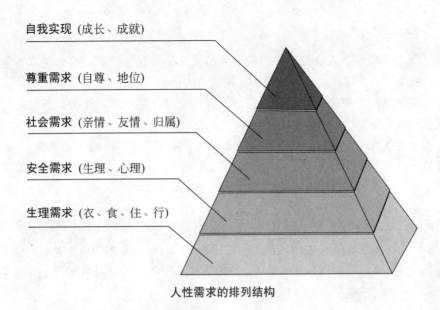

人性需求的排列结构

为什么是由较低层次向较高层次排列呢？那是因为人性的需求满足时遵循一个"就低原则"，只有较低层次需求满足了，更高层次的需求才会出现，这说明人是既现实又理性的，因此在沟通过程中我们要善于发现其已经得到了什么需求，还缺少什么需求，只要我们满足其尚未满足的需求，你的沟通之路就会变得很顺畅；反之，沟通效果一定不会好！

一、生理需求

这是人类个人维持自身生存的最基本要求，包括衣、食、住、行等方面的要求。在沟通过程中我们要时刻关注这些需求，来促进我们的沟通效果。

比如，有些领导找员工沟通，一沟通就是几个小时，都过中午十二点了，还在那讲，这种沟通效果肯定不会好。员工也是人，是有基本生理需求的，员工饿了也要吃饭。还有的人邀请别人到他公司谈业务，天气炎热，进了办公室竟然不给倒水喝，聊得口干舌燥，对方又不好意思自己要水喝，只好忍着。冬天，天气寒冷，拉着对方在外面，一聊就是半个小时，也不关心对方冷不冷……

以上这些都是沟通过程中的禁忌，大家一定要多注意这些细节。

二、安全需求

安全需求包括要求社会环境安全、生命财产得到保护，摆脱失业的威胁，生活有保障，病有所医等。马斯洛认为，当人的生理需求得到了充分的满足时，就会出现一种要求安全的心理，是人的一种特殊的、较高层次的心理期待。

三、社会需求

每个人都希望融入社会，并得到别人的关爱。在北方一见面有一句很客套的话"你吃了吗？"这就是一句典型的关爱别人的话。

在沟通过程中如果能够很好地打好关爱这张牌，会迅速拉近彼此的距离，对于促进沟通有事半功倍的效果。

比如，冬天在东北，一进屋第一句话就是"冷不冷啊？"外面阴天要下雨了，你叮嘱一句"带上伞再出门"。朋友刚出院见面了，问候一句："老张，恢复得怎么样了？"同事加班很晚才回家，叮嘱一句"路上注意安全"……

沟通密码

> 每个人都希望融入社会，每个人都需要关爱，一句关爱的话，会让人感觉到你的人情味，他会感觉到心里暖洋洋的，他会让陌生人迅速成为熟人，让熟人变成朋友，让朋友变成知己。

四、尊重需求

马斯洛认为，尊重需要得到满足，能使人对自己充满信心，对社会充满热情，体验到自己活着的用处和价值。沟通要懂得尊重，每个人都有被尊重的权利，每个人都有尊重别人的义务，这个尊重更多的是讲外在的尊重。当今社会，这种尊重往往尊重的是一个人的背景，一个人去掉背景光环仍能被人尊重，那才是真正的了不起；一个成功的领导，当你走下领导岗位，别人依然称呼你领导，那你才是真正的成功了。

对于外在的尊重我们就不多讲了，这里讲讲对人内在的尊重——自尊心。有一句话叫"士可杀不可辱"，即指不能侮辱人的自尊。

五、自我实现

每个人有自己的理想和抱负，都想通过自己的不懈努力，挖掘自己的潜能，实现自我价值。在沟通过程中我们要善于了解一个人的价值方向，将沟通内容导入其价值方向，利用其自我实现的原动力，实现你沟通的意图，这就叫作借力打力不费力。

比如，你发现你的下属小张平时上班穿着很随意，说话也不太注意礼貌，恰好你也清楚他的职业理想是做一名职业经理人，于是你把他叫到你的办公室，两个人单独沟通。你说："小张，我记得你说过你的职业理想是做一名职业经理人，我知道成为一名职业经理人并不容易，需要内外双修，外修形象、内修涵养，如在穿着方面，上班时间需要着正装：深色西装、领带。与人沟通时注意礼貌用语，经常要将'您''请''谢谢'等用语挂在嘴上，这样你就离你的理想目标不远了，我相信你会做得更好！"

这样的谈话，就是借助小张自我实现的原动力，相信小张很快就能达到你的要求。

第四节　人性之基，七情六欲

七情六欲，是人性的基础，也可以说是人的本能。世上的每一个正常人，都有七情六欲。那什么是七情六欲呢？具体如下图所示。

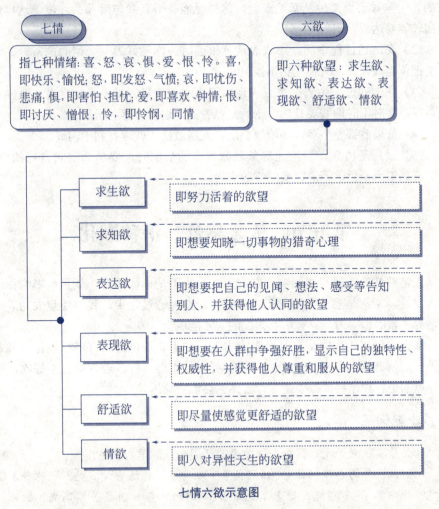

七情六欲示意图

一、七情

在平时沟通的过程中，不管别人有喜、怒、哀、惧、爱、恨、怜哪一种表情出现，哪怕是不适宜的表情，比如，你正说着一件高兴的事，别人确发出了怒的表情，或者恐惧的表情，或者憎恨的表情……我们都要保持一颗平常之心，毕竟这是一种本能反应。

沟通时露在脸上的表情不一样，正所谓：相由心生。

二、六欲

其实，不同欲望出现时，我们的应对策略也不一样。

（1）在沟通过程中当一个人求知欲很强时，我们沟通的主题应该侧重于他关注的，一些对于他来说是新的东西，这样更能吸引其参与度和关注度，这样的沟通比较容易达成共识。

（2）在沟通过程中当一个人表达欲很强时，你最好做一个耐心的听众，这样他会把你当成知己，与你无话不谈。

（3）在沟通过程中当一个人表现欲很强时，你最好做一个欣赏者，鼓励他表现自己，并时不时地赞美几句，士为知己者死，这样会有利于沟通。

（4）舒适欲都差不多，环境越舒适，人越放松，就越有利于沟通。

（5）最后是情欲，当沟通对象刺激到你的情欲时，要学会控制自己的内心，做到喜怒不形于色，不要影响双方的沟通。

第五节 人之感性，潜移默化

人是感性的，但需要影响。在沟通过程中不是你影响他，就是他影响你。人与人交往，常常是意志力与意志力的较量。在沟通过程中，我们要想成功，一定要培养语言的影响力，只有影响力大的人才能成为赢者。

那么，如何让你的语言具有影响力呢？你需要对你的语言进行设计，融入幽默因子、情感因子和哲理因子，就像做菜要放作料一样，否则菜就不好吃，但需要注意的是各种作料放得要适量，否则也会影响味道。

一、幽默因子

什么是幽默因子呢？就是把你要说的话用幽默的语言表达出来。

比如说，你的妻子问你："如果我老了难看了，你还会爱我吗？"你会怎么回答呢？你回答："不可能，你老了也好看。"这种回答她听了虽然高兴，但她知道这是绝对不可能的，这种回答显得较虚假；你回答"没事儿，你老了我也好不到哪儿去，咱俩就谁也别嫌弃谁，好吧！"这种回答明显地告诉她老了肯定不好看了，她怎么能接受呢？明智的答复就是幽默地和她说"我很希望你难看点儿老点儿呢，这样放在家里我多放心啊！"这种回答既打消了她的顾虑，又让她知道你特别在意她，特别怕失去她。

二、情感因子

什么是情感因子呢？

刘老师有一次去某工商学院给毕业生做就业指导，走上讲台往下一看，有一半的同学脸上是黑中透亮的，他知道这些学生中大部分来自农村。于是，他的开场白是："各位同学，看着大家黑中透亮的面孔，我想我和大家会有很多共同语言。十年前，我和大家一样，从农村走进校园，从校园迈向社会，在人生的十字路口，我也迷茫过……"

这样一段饱含情感因子的语言，赢得了阵阵热烈而真诚的掌声。

三、哲理因子

什么是哲理因子呢？就是在讲话中多引用富含哲理的语言，这样的语言往往能得到别人的信服。

一次受邀到某企业讲商务礼仪，一开场刘老师便引用了荀子的名言："人无礼则不立，事无礼则不成，国无礼则不宁！"很快在培训中树立了自己的影响力。

第六节　人性之异，性格多元

关于性格分析，目前专家们的思路已慢慢清晰，并趋同于把人的性格分为四种：完美型，力量型，活泼型，和平型，这是性格分析学上的一个里程碑。其实《西游记》已对人的四种性格刻画得出神入化：唐僧是完美型；孙悟空是力量型；猪八戒是活泼型；沙僧是和平型。

对于性格的学习，和大家分享一句话叫："认识特点、模仿优点、化解缺点。"只要学会这一点，任何沟通都不难，这就是我们统御沟通的秘诀。

一、认识特点

认识特点主要是为了分辨性格类型，每种性格都有其鲜明的特点。如有栋住房起火了，不同性格的人，其处理方式是不一样的，具体如下图所示。

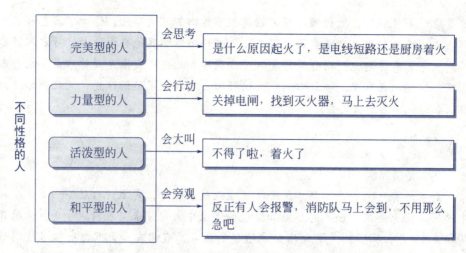

住房起火时不同性格的人的不同处理方式

早上眼睛一睁开马上就起床刷牙干活的人，不是完美型就是力量型。早上眼睛睁开了，伸伸懒腰继续睡的人不是活泼型就是和平型。常言道"知己知彼，百战不殆"，只有准确地分辨对方的性格类型，才能在沟通过程中对症下药、药到病除，取得沟通的最后胜利。

二、模仿优点

模仿优点主要是为了获得好感、增进感情，这是有效沟通的一大"法宝"。其实，这也是人性的弱点。大多数人最喜欢两种人，哪两种人呢？一种是自己，另外一种是像自己的人。

当然有些东西也是不能模仿的，特别是别人的缺点。

比如，你和客户沟通时，他说话很大声，你说话也很大声；他说话手舞足蹈的，你也手舞足蹈；但是，当你模仿他的口吃时，他却发火了。

因此，别人的缺点你是不能随便模仿的，除非你天生就是，否则别人会认为你在嘲笑他，这样会严重伤害别人自尊的。

三、改正缺点

改正缺点主要是为沟通扫除障碍，铺平道路，常言说"金无足赤，人无完人"。每种性格的人都有其缺点，无论你是凡人还是伟人。每个人性格中的缺点都在或多或少、潜移默化地影响着沟通效果。

我们说改正缺点，实际上是通过你对不同性格类型缺点的了解，找到相应的手段，来减少或降低性格缺点对沟通效果的影响，以达到有效沟通的目的。

四、与完美型的人沟通

完美型的人的特点是内向、思想者、悲观。完美型的人笑声很少，平时很严肃，走路一般看着地上，不喜欢抬头。他们穿着特别讲究，每次出门前为穿衣服花大量时间，换来换去，终于决定穿上一套，一出门就后悔，还是觉得穿得不够好。完美型的人不轻易结交朋友，他们是属于生活在自己内心感受的高标准的一群人，所以大龄"剩男剩女"几乎都是完美型的人。完美型的人情绪特别容易低落，一件小事情、一句无意的话就会让完美型的人很难受，他们受昨天的失望折磨、明天的困惑困扰，总觉得很失落。

完美型的人的优缺点如下图所示。

完美型的人的优缺点

那么，应该怎样与完美型的人进行沟通呢？应该怎样模仿优点，改正缺点呢？

1.模仿优点

（1）充分准备　由于完美型的人擅长统筹，沟通时应充分准备，多列举一些数据，多做方案和计划，多使用图表会更有说服力，你必须以理性、合乎逻辑并且正经的态度和他们沟通，才能获得他们的认同。

（2）注重细节　因为完美型的人生性追求完美，因此和他们沟通时要特别注重细节，比如遵守时间，否则他会认为你不真诚；穿着要整洁，不能太随意，必要时要着正装，否则他们会认为你不尊重他；最好沟通时能边说边记，他们会认为你很认真；多使用准确的专业术语，这样他会认为你很专业。

2.改正缺点

（1）适度幽默　由于完美型的人的缺点是不快乐，因此沟通时要适度幽默，过度幽默他们会认为你不够严肃，如果一点儿幽默都没有沟通会变得很枯燥。因此你可以适时适度地表现一些幽默感，缓和严肃僵硬的气氛，引导他们放松心情，以创造良好的沟通氛围。

（2）包容"无名火"　由于完美型的人生性脆弱，经常发些"无名火"，当他们不知为何生气时，我们不必太在意，不必追究他们发火的原因，因为他们的怒气大多不是冲着你来的，可能只是心情不好，也可能是针对其他与你完全不相关的事。

（3）真诚直接　由于完美型的人生性敏感，加上判断力很好，和完美型的人沟通切记要真诚、直截了当，如果你拐弯抹角，只会令他不屑和厌恶，甚至会猜测你别有用心，而做不必要的联想，切记不要讥笑或批评他们的多疑，这会使他们更缺乏自信。

> **沟通密码**
>
> 如果你身为这种类型人的伴侣，请务必让他们知道你每天的行动，他们不是要控制你、干涉你，只是他觉得必须知道这些才能安心。

五、与力量型的人沟通

力量型的人的特点是外向、行动、乐观。力量型的人天生就是领导者，最喜欢挑战的就是这群人。力量型的人眼睛炯炯有神，走路大跨步，脸上的表情总是聚精会神，他们的手势不是非常多，但是只要一出手就是很坚定的动作，说话直来直去，好像没有同情心一样。参加宴会时，不会轻易参与谈话，拿着一杯水在那里喝着，看着，在旁边听着。如果发现有人说错了，会说"对不起，你的看法不对，我要发表一下我的看法"，他们最喜欢争执，非要争个"你死我活"，这也是与人沟通时最大的忌讳，他们的生命力很强，能够很快地从不可避免的伤害或挫折中恢复，用一句比较现代的话说就是"逆商很高"。

力量型的人的优缺点如下图所示。

力量型的人的优缺点

那么，应该如何与力量型的人沟通呢？应该怎样模仿优点，改正缺点呢？

1. 模仿优点

简明扼要、结果导向。由于力量型的人行动力超强，做事以结果为导向，十分讲究效率，因此不要太多寒暄，沟通时语速应偏快、声音洪亮、充满信心、有强烈的目光接触，表现出专业、有才干的形象。回答问题力求准确、直截了当，以结果为导向阐述你的计划，可以不用流露太多的感情，直奔结果。

2.改正缺点

尊重权威。由于力量型的人紧张、缺少人情味、自负,所以与力量型的人沟通时一定要尊重其权威,避免直接的对抗,因为对抗会产生强烈的反弹,事实上,只要发生争执就已经注定了沟通失败的结局。

六、与活泼型的人沟通

活泼型的人的特点是外向、多言、乐观。女孩子喜欢大红大紫的颜色,大耳环晃来晃去,男孩子喜欢打颜色鲜艳的领带,领带歪歪斜斜的,他们走路时蹦蹦跳跳,在楼梯口就能听见一个人在笑,未见其人先闻其声。大商场减价促销,很多人拼命去挤,活泼型的人最积极,问他挤什么,前面卖什么,他回答不知道,就是喜欢热闹。

活泼型的人很容易对别人产生好感,因为他天生就想赢得别人的认可,这是活泼型的人的最大的特点。他们是一群享乐型的人,做事不考虑结果,注重好玩,昨天发生的事情不会困扰他们,明天发生什么他们根本不考虑,他们觉得开心就可以了,他们以极度的喜悦拥抱每一件事情。

活泼型的人的优缺点如下图所示。

活泼型的人的优缺点

那么,应该如何与活泼型的人沟通呢?应该怎样模仿优点,改正缺点呢?

1.模仿优点

声音洪亮,多用肢体语言。因为活泼型的人快乐、率真,因此和其沟通时要声音洪亮,可以多些肢体语言,说话要直截了当,不要拐弯抹角,并且要适当地幽默,营造欢乐的气氛,尽量多谈论理想、目标等宏观的事物,少谈论技术、细节等微观的事物,多带对方参加社交活动,这是他们最喜欢的。

2.改正缺点

书面确认。由于活泼型的人以自我为中心,因此与活泼型的人沟通时要耐心做个好听众;由于活泼型的人比较健忘,因此和其沟通完达成协议后最好进行书面确认。

七、与和平型的人沟通

和平型的人的特点是内向、旁观。和平型的人性格特征是对别人不要求，对自己不苛求，一般不喜欢去做一些改变他现有生活的事情，这种性格的人往往在一家单位一工作就是20年，住进一个地方就很难搬家，他们总是很善良，不愿意给对方带来任何麻烦。

比如，在飞机上：假设遇到免费供应餐饮，服务员问"你要什么饮料"，和平型的人会说"随便"。如果服务员是力量型的人，若态度不好的话会说"没有随便"。正好旁边有一个人说"我要可乐"，和平型的人马上就会说"我也要可乐"。

和平型的人非常随和，生活在平静当中，坦然自若，非常有耐心，很少发怒，所以他们是一群相对比较健康的人。

和平型的人的优缺点如下图所示。

和平型的人的优缺点

那么，应该如何与和平型的人沟通呢？应该怎样模仿优点，改正缺点呢？

1.模仿优点

要有耐心。由于和平型的人随和、冷静、不着急的特点，你说话时语速要比较慢，不应过于急切、压迫，否则他们会给你一个你想听的答案，这个答案可能并非他们的真实想法。

2.改正缺点

融洽关系、鼓励赞美。由于和平型的人不振奋、固执，因此沟通时首先要与其建立友好关系，时刻保持微笑，打开其不愿意与人沟通、自我保护的心结。沟通时要有目光接触但不要太长，频率要频繁，要多用赞美鼓励他们，因为他们常常不知道自己的优点和重要性，比如你发现他的办公桌上放了家人照片，一定要对其赞美。

那为什么人会有不同的性格呢？人的性格不同是因为人的思维方式不同，人的思维方式不同是因为人对因果关系的理解不同。在这里，请大家做一个测试。当然，这个测试主要是一个侧面反映，只能作为参考。

个人性格测试

在每行中挑选一个与你最相近的形容词（每题必须选一个并且只能选一个），若你在某一题上实在无法判断，请考虑3年前的自己的特征作答。

测试题：

1.A.活泼生动	B.富于冒险	C.善于分析	D.适应性强
2.A.喜好娱乐	B.善于说服	C.坚持不懈	D.平和
3.A.善于社交	B.意志坚定	C.自我牺牲	D.较少争辩
4.A.使人认同	B.喜竞争胜	C.体贴	D.自控性好
5.A.使人振作	B.善于应变	C.令人尊敬	D.含蓄
6.A.生机勃勃	B.自立	C.敏感	D.满足
7.A.推动者	B.积极	C.计划者	D.耐性
8.A.无拘无束	B.肯定	C.时间性	D.羞涩
9.A.乐观	B.坦率	C.井井有条	D.迁就
10.A.有趣	B.强迫性	C.忠诚	D.友善
11.A.可爱	B.勇敢	C.注意细节	D.外交手腕
12.A.让人高兴	B.自信	C.文化修养	D.贯彻始终
13.A.富激励性	B.独立	C.理想主义	D.无攻击性
14.A.情感外露	B.果断	C.深沉	D.淡然幽默
15.A.喜交朋友	B.发起者	C.音乐性	D.调解者
16.A.多言	B.执着	C.考虑周到	D.容忍
17.A.活力充沛	B.领导者	C.忠心	D.聆听者
18.A.让人喜爱	B.首领	C.制图者	D.知足
19.A.受欢迎	B.勤劳	C.完美主义者	D.和气
20.A.跳跃型	B.无畏	C.规范型	D.平衡
21.A.露骨	B.专横	C.乏味	D.扭捏
22.A.散漫	B.缺乏同情心	C.不宽恕	D.缺乏热情
23.A.唠叨	B.逆反	C.怨恨	D.保留
24.A.健忘	B.率直	C.挑剔	D.胆小
25.A.耐性好	B.没耐性	C.优柔寡断	D.无安全感
26.A.难预测	B.直截了当	C.过于严肃	D.不参与
27.A.即兴	B.固执	C.难以取悦	D.犹豫不决
28.A.放任	B.自负	C.悲观	D.平淡

29.A.易怒	B.好争吵	C.孤芳自赏	D.无目标
30.A.天真	B.鲁莽	C.消极	D.冷漠
31.A.喜获认同	B.工作狂	C.不善交际	D.担忧
32.A.喋喋不休	B.不圆滑老练	C.过分敏感	D.胆怯
33.A.杂乱无章	B.跋扈	C.抑郁	D.腼腆
34.A.缺乏毅力	B.不容忍	C.内向	D.无异议
35.A.零乱	B.喜操纵	C.情绪化	D.喃喃自语
36.A.好表现	B.顽固	C.有戒心	D.缓慢
37.A.大嗓门	B.统治欲	C.孤僻	D.懒惰
38.A.不专注	B.易怒	C.多疑	D.拖延
39.A.烦躁	B.轻率	C.报复型	D.勉强
40.A.善变	B.狡猾	C.好批评	D.妥协

测试结果：

每道题1分，然后计算出A、B、C、D各自的得分：A得分最多的是活泼型，B得分最多的是力量型，C得分最多的是完美型，D得分最多的是和平型。

测试说明：

如果得分有几个相似的话，说明你是多重性格的组合。如果你每一个的得分都是相同的，说明你适合在各种环境中生存。

第三章
把握环节,让沟通顺畅自如

沟通力——正向有效沟通，从心开始

 场景导入

又一个周末的下午，小陆带上女儿高兴地出门了。安顿好女儿后，小陆来到自己的培训室。

刚进去，小于就叫住了他，问他："小陆，刘老师上节课讲的沟通与人性这个话题，你听了有何感想呀？"

小陆想了想说："的确如刘老师说的那样，我觉得吧，你只有进入对方心里，你才能从人性的第二层面——感性层面与人进行沟通，当对方愿意与你用心交流，则沟通就变得简单易行了。"

小杨也凑过来，打趣道："没想到你理解这么深刻啊，听君一席话，胜读十年书！"

小陆给了小杨肩头轻轻的一拳，并说："我之前在工作中，真有点焦头烂额，特别是与供应商进行沟通时，他们总是跟我'打太极'，不能解决实际问题，通过这几节课的学习，现在我心里已经有数了，知道如何与他们沟通了。"

刚进教室的刘老师听到了小陆的话，赞许地点了点头，说道："很多时候，我们发现很多事谈不成。其实，谈不成也许不是事，因为，事的关键还是在人。每一个成功的沟通，都是在洞察人性的基础上实现的。直指人心的沟通，能够提高沟通的效率。碰触内心的沟通，才能走得更远。"

听见刘老师这么说，大家纷纷点头。

刘老师接着说："那这节课呢，我们来讲讲如何把握沟通的环节，让沟通更顺畅。

沟通主要由表达、倾听、反馈三个环节构成。如果缺少了其中一个环节，都可能会造成沟通不畅。因此，必须充分把握沟通中的各个环节，切不可因为某一个环节而影响沟通。通过对沟通环节的了解，将有助于掌握有效沟通的技巧和方法。"

第一节 分析听众，明确沟通的对象

商务沟通中分析听众是一切工作的前提和基础。分析听众意味着了解你想影响的人的兴趣、价值和目的。对于职场人士来说，和人沟通前，必须明确你的听众是谁，然后对他进行适当分析，才能达到沟通的目的。

一、分析听众对象

当已经认清你想要表达什么，为什么要表达给别人，以及如何进行表达的时候，可能会想当然地认为你表达的建议对于其他人来说是绝对重要的，别人理解你的建议应该不成问题。然而，实际工作中并非如此。

我的听众究竟是谁？

我与听众之间的关系怎样？

听众目前的态度是怎样的？

我的建议与听众自身的利益之间的关系是什么样的？

因此，对听众进行分析，首先需要明确听众是谁。一般来说，听众主要分为下图所示的几种类型。

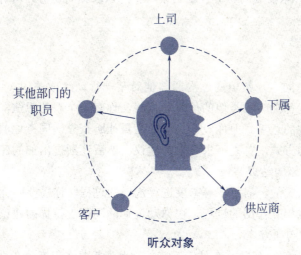

听众对象

二、分析与听众的关系

对于不同对象应当采取不同的表达方式，当你向听众表达观点的时候，必须使表达与你们之间的关系相适合。

1. 下属

当听众对象为你的下属时，没有能力提出与你意见相左的看法来，这时可以用"告诉"的方式："你就照着我说的去做吧。"这是一种从上到下单向式的方式，可以节省互相交流的时间，要求你的下属完成一项常规性工作时可以采用。

比如，"小张，请把这份资料整理出来，下午三点之前送到我办公室来。"

2. 上司或客户

当听众为你的上司或客户，且握有最终决策的权利，此时，你扮演的角色是一种利用你掌握的信息去说服听众，引导他们朝有利于你的目标的方向思考，并最终同意你的建议，实际上是你在向听众推销你的想法，你想让你的听众按你的要求做些什么，也就是说，你需要一些听众的参与。

这种情况下，你需要做好充分的准备，特别是对于所"推销"的观点，从不同角度、不同层次向听众展示他的特点和优势。同时，你可能还要学习使用现代营销的方式，为听众着想，稍有不慎，就可能前功尽弃，所以需要耗费大量的时间和精力。在你想要向上司提建议，说服客户购买你的产品时，你可以考虑这种方式。

比如，经理："王总，这是根据前六个月情况做出的下半年销售预测，以及物料、人员和成本的估算，请您看一下。"

总经理："好，放在这儿吧。"

经理："王总，根据我的估算，我们下半年可以在提高销售的同时，大幅度降低成本开支。"

王总拿起了报告。

3. 同事

当听众为你的同事，希望通过沟通与他对某一行动达成共识，这种情况下，你与听众双方可能都拥有相类似的信息和权威，你有一个新的想法，你试图使你的听众能够同意你的意见。但你没有足够的力量让听众立即同意你的建议，这时可采用"咨询"的方式，首先征求听众的建议，然后逐渐提出你的建议，经过一定的引导和劝说，双方达成共识。

这是一种双向式的、需要平等态度进行沟通的过程，你需要同你的听众交换意见，并控制双方相互作用的过程。在你劝说你的同事支持你的建议等情况下可以考虑这种类型的沟通方式。

比如，"我们最近销售额一直停滞不前，请大家想想我们有什么办法可以改变这一状况？"

4. 混合听众

当发现有许多人和你意见相同的时候，就可以省去说服的步骤，而多谈大家共同认可的观点，强调大家共同的利益和要求，寻求更多的共鸣，即使用联合的方式，进行彼此之间的对话。你是在合作，代表部门就共同利益进行沟通。

比如，"大家都有目共睹，公司最近管理上非常混乱，我们必须找到可行的解决方案。"

三、分析听众的态度

你同听众进行沟通时，还要关注听众目前的态度如何。一般来说，听众对于你所表达的观点或意见，往往会表现出下图所示的三种态度。

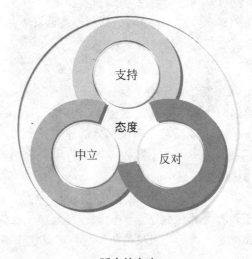

听众的态度

1.支持

持支持态度的听众需要被激发并被告知行动计划，让他们知道他们的重要性及他们能帮助你做些什么，尽你所能使他们的工作轻松并且有回报。

（1）一些人之所以支持你，只因为他们是你的朋友，与你想法的是与非没有关系，不要让这种支持诱使你对其他听众的态度产生错误的感觉，认为你的想法已经得到了很多人的认同。

在部门经理会议上，销售部肖经理提出："要简化费用报销制度，即部门不签字，也能报销，公司现有的费用报销制度需要经过当事人-部门经理-财务经理-主管副总经理4道手续，而销售部经理由于业务需要，一出差就可能一两个月不在公司，销售部的员工想要报销只能等到经理回来，既麻烦又影响工作。"

办公室严主任立刻表示支持。

实际上办公室的员工很少出差，根本不存在销售部面临的问题。严主任之所以支持这个提议就是因为他与肖经理私交较好，要为肖经理说说话。

（2）其他人支持你，可能出于他们自身的权益，而与你的动机毫不相干。

2.中立

持中立态度的听众容易受理性说服方法的影响，使他们参与到事件中来，共同分析、讨论。

如果听众对所要讨论的问题已经知道了很多，那么你长篇大论的铺陈就会使听众变得兴趣索然。可能把一个中立者变成敌对者，或积极的支持者变成中立者。所以，在进行沟通之前，应当问自己一些问题。

（1）我应概括哪些听众熟悉的信息为自己论证？

（2）要想让听众理解和判断我的建议，还需要哪些补充信息？

（3）我能不能用听众可以理解的语言来表达？

3.反对

持敌意态度的听众可能永远不会支持你，但通过你表明理解他们的观点，并解释为什么你仍相信你的计划，有可能使他们变为中立。

有时候，听众中的关键成员可能会根据你的建议提出相反意见，或者可能直接对你的建议予以否决。不管在何种情况下，最好坦白说出自己的想法，虽然你也承认反对者的担忧和他们意见中的优点。

（1）因为你的成功会使其他同事付出一定的代价。

对于肖经理关于简化费用报销手续的提议，行政部经理提出了反对意见。现在公司上下有关行政开支方面的费用报销都要找到邢经理，如果简化了报销手续，那将邢经理置身何处？

（2）上司也许不希望让你更加光芒四射。

财务副总经理也表示不能同意。他心里感到有些不是滋味，这应当是他的管辖范围，销售部经理提出这样的建议是否合适？

（3）同事也许害怕你的工作表现会树起一个迫使他们更加努力工作的标准。

市场部经理也表示了不满，"费用报销是财务方面的事，做业务的还是多关注自己的事"。

（4）也许仅仅是不喜欢你。

财务部经理平时就和肖经理有意见不统一之处，这时自然是反对了，有些人就因为和你有过矛盾，就要与你唱反调。

一般情况下听众不情愿承认他们反对的真正原因，这可能促使他们提出一些非常具有创造性的理由来反对你的意见。

这种情况下，可以考虑的方法是：给你的反对者一条退路，或许通过体现他们的建议，分享荣誉，或在另外一个肯定能成功的事件中支持他们。争取那些拥有更高权威的人的支持。

相关链接

避免听众分析常见误区

听众分析过程中,对于许多常见误区,一定要尽量避免,这样才能更好地实现沟通。

1. 听众错位

(1) 应该与上司沟通的,却与同级或下属进行沟通。

人力资源部的任经理对上级交办下来的工作感到非常为难;刚刚经过层层筛选招进来的市场部门的员工,因为公司经营政策调整要被辞退走人,任经理感到很不好受。吃午饭时,他和销售部的李经理谈起了此事:"公司太不负责了,这让我怎么和新员工交代?"

这种问题应当与上司沟通,寻求可以直接解决的方案,因为沟通对象的错误,将会产生始料不及的后果。

(2) 应当与同级沟通的,却与上司或下属进行沟通。

营销部的肖经理对新近人力资源部招来的一批营销代表感到很不满意,在一次同总经理的谈话中谈到了此事:"不知道现在人力资源部的人都在忙什么,最近给我们招来的人根本就不合适。"总经理把这件事记在了心上,在一次部门经理会议上点名批评了人力资源部的任经理,任经理感到非常气愤,认为营销部觉得招的人不合适可以与我说啊,到总经理那里告什么状。从此,和营销部有了芥蒂。

(3) 应当与下属沟通的,却与上司或其他人员进行沟通。

张经理发现最近小李工作不积极,常常请假,于是想先向其他同事了解一下情况。中午休息时,张经理对另一位下属小张抱怨道:"最近小李是怎么了?工作一点儿都不积极。"很快,小张把这件事告诉了小李,其他同事也知道了,弄得大家挺别扭。

2. 沟通渠道错位

沟通渠道有正式和非正式之分,正式沟通渠道包括按照指挥链的沟通、和当事人的沟通、会议沟通。非正式沟通渠道指私下以及除正式沟通渠道之外的其他沟通途径。在实际工作中,我们常常因为把沟通渠道弄混淆,结果使事情变糟。

(1) 应当进行会议沟通的选择一对一沟通。

公司近期要改变报销办法,这是一件涉及全公司的事情。但是,总经理却认为有必要同每一位部门经理谈谈此事,于是一个人一个人地谈,以每个人40分钟计算,6位经理共花费总经理240分钟的时间,效率很低。

对于这样一件关系到各部门的事情还是应以会议的形式来处理,而采用一对一的沟通方式反而使事情复杂，成员之间相互猜疑。

（2）逐级报告与越级申告的混淆。

总经理午休时高兴地拍拍销售部肖经理的肩膀说"你们最近的工作做得很不错，上次小马（肖经理手下的地区经理）对我说起他的销售业绩比上一季度提高了一倍。"肖经理感到有些摸不着头脑，暗想：小马怎么没有向我汇报此事？他心中对小马有点儿不满。

汇报工作应当逐级汇报，而如果有什么申诉的可以越级进行。

3. 不讲沟通场合

我们常说"表扬于众，批评于后"，就是指选择合适的沟通场所。如果当众批评下属，那么下属就会感到下不了台，只能起到消极作用，而不是促进下属。

（1）应当进行一对一沟通的选择了会议沟通。

由于职位说明书写不当，造成人力资源部招聘来的销售代表不符合销售部的要求。就此事，销售部可以直接与人力资源部进行沟通，商议解决的办法。但是销售部经理却将此事在部门经理会上讨论，结果是其他的经理只能看着这两位部门经理你来我往的对话，耽误了会议的其他议程。

（2）应当进行公司内部沟通的却变成了外部沟通

客户向销售部经理提出了延期付款的要求，正巧销售部经理对财务部的一些规定和做法早就不满，于是针对这个话题把公司财务部狠批评了一番，"别提了，公司现在乱得很，财务更是不得了……"公司形象在客户心中大大降低。

针对这种有关公司内部管理等问题可提出建议，在内部解决，而不能当着外人——客户、供应商、媒体等"自揭疮疤"。

第二节 用心倾听，架起沟通的桥梁

做好与他人沟通，并不是一定要你有良好的语言表达能力与良好的思维逻辑能力去判断对方的话语的正确性，沟通的真谛在于更多地使对方展示才华而非炫耀自己，有时只是要求我们做好一名听众而已。

一、倾听的好处

著名励志大师戴尔·卡耐基曾经说过："专心听别人讲话的态度是我们所能给予别人最大的赞美，也是赢得别人欢迎的最佳途径。"由此可见，倾听对别人、对自己都是有好处的。具体如下图所示。

第三章　把握环节，让沟通顺畅自如

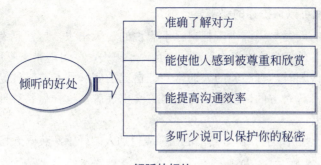

倾听的好处

1. 准确了解对方

对下属、同事、上司和客户，通过倾听对方的讲话，推断对方的性格、以往的工作经验、对工作的态度和想法，借此在以后的工作中有针对性地进行接触。

市场部的小郭近来工作业绩一直不理想，而且还常常迟到、请假，市场部的马经理找小郭进行了一次谈话。"小郭，最近工作感受怎么样？"小郭避开经理的眼睛，低下头说："还可以。""真的吗？"马经理继续问，"怎么近来总迟到？上个月的销售额也完成得不好啊。"小郭看了一眼经理，说："我这个月努努力吧。""有什么问题吗？"马经理想知道个究竟，"没什么……"小郭欲言又止，马经理鼓励道："有什么困难就讲出来，千万别放在心里面。"小郭看了一眼经理，又说了起来，"上个月……"小郭谈了十几分钟，马经理明白了。

根据掌握的情况和信息，进行分析和思考，最终找出问题的答案，从而使问题得到解决。

2. 能使他人感到被尊重和欣赏

每个人都有这样的心理，当他对某事感兴趣时，会充满热情地关注。因此，在别人说话时你认真倾听，对他来说是最好的关注，让他知道你对他的话很感兴趣。如此，他就有了被尊重和赏识的感受，哪个人对一个尊重和赏识自己的人没有好感呢？不管是对待亲人和朋友，还是对待上司和下属，倾听都有同样的功效，倾听他人谈话的好处之一是：别人将以热情和感激来回报你的真诚。

3. 能提高沟通效率

无论是在日常生活中闲谈趣事，还是在生意场上向人推销商品，有效的说话方式是自己只说1/3的话，把说2/3的话的机会留给别人。在对方说话的时候，你需要做的只是认真倾听，倾听使你了解对方的想法，使你了解对方对你产品的反应，这样就能很好地避免误解，使沟通的效率大大提高。

有些人喜欢滔滔不绝地夸夸其谈，不喜欢听别人说话，常常在没有完全了解对方想法的情况下盲目下结论，这样就容易误解别人，出现沟通障碍，甚至产生矛盾和冲突。

4. 多听少说可以保护你的秘密

夸夸其谈的人容易说漏嘴，把自己不想说的说了出去，这些话有可能是他们对别人的成见，有可能是他们的私密，一旦说了出去，就可能带来不良的后果。

进行生意谈判时，有经验的人通常会把自己的底牌藏起来，注意倾听对方的谈话，在充分了解对方的情况后，再向对方亮出底牌。这样做往往能取得对自己有利的谈判结果。

总体来说，倾听还有很多好处，能让你赢得别人的好感，获得更好的人际关系。

二、有效地倾听

倾听是沟通的基础，可以使同事、下属或上级愿意讲述甚至倾诉，令对话持续不断，有利于消除隔阂、减少误会。倾听还可以了解上司、同事与下属的感受、观点与需要。

通常，人都很自我，总是喜欢说，喜欢表达，而忘了别人也有同样的需要。因此，懂得倾听不失为一种艺术。而在倾听的过程中，也要掌握一定的技巧，如下图所示。

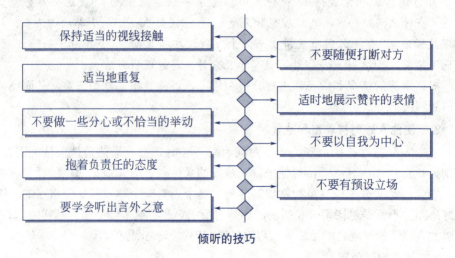

倾听的技巧

1. 保持适当的视线接触

在倾听时要保持适当的视线接触，目光对视是对别人的基本尊重。有的人说话的时候，喜欢看着没人的地方，虽然他的本意不是轻视对方，但给别人的感觉就是不舒服。别人说话时，你不仅要用耳朵去倾听，更要用目光去关注，才能鼓励别人敞开心扉，才能说出能够打动对方的话语。

2. 不要随便打断对方

在倾听的过程中，注意不要随便打断对方，你应该让对方将自己想表达的意思说完整以后，再表达自己的想法。如果别人说一句话，甚至一句话未说完，你就开始讲述自己的观点，总是这样的话，这就已经不是倾听，而是讨论甚至是争论了。

一天美国知名主持人林克莱特访问一名小朋友，问他说："你长大后想要当什么呀？"小朋友天真地回答："嗯，我要当飞机驾驶员！"林克莱特接着问："如果有一天，你的飞机飞到太平洋上空，所有引擎都熄火了，你会怎么办？"小朋友想了想说："我会先告诉坐在飞机上的人系好安全带，然后我挂上我的降落伞先跳出去。"

旁边的人听了都哄然大笑，小朋友见此情景甚是委屈，眼眶里满是泪水。

于是林克莱特又问他："为什么要这么做？"小朋友真挚地说："我要去拿燃料，我还要回来！我还要回来！"

这一答案也许出乎许多人的意料，很多人也许会为刚才的失礼而感到羞愧。在交流时不注意倾听，结果会产生误会甚至曲解。所以，在办公室里，听同事说话时应该做到：听话不要只听一半。还有，不要把自己的意思，投射到别人所说的话里面。

3.适当地重复

听别人说话时，听完之后最好是将对方所说的话进行简单的概括，并且复述给对方听，以显示出你在用心听别人说话，而且还在和他一起思考，这样做会让他感觉找到了知音，找到了一种共鸣。注意，只是概括对方说话的内容并且简要复述，这是一种确认，并非是否定对方的思想，你应该尽量避免出现太多的否定词，不管别人的观点是否通情理。

4.适时地展示赞许的表情

职场交流沟通时不仅仅需要听对方讲话，有时还要根据对方讲话的内容适时表现自己的赞许或者意见。但是在对方讲话时打断对方又不合适，这时面部表情很重要。在倾听对方谈话时适当展示赞许的表情不仅能表现自己的观点，还能鼓励对方说下去。这样更有利于职场沟通的进行。

5.不要做一些分心或不恰当的举动

在职场与人沟通时要全身心地投入，特别是一些重大的谈判时，更需要打起十二分的精神。所以，在倾听时不要做一些分心或者不恰当的举动。交流时分心或者不恰当的举动不仅会影响对方的说话，还会直接影响自己的职业形象和职业素养。

6.不要以自我为中心

在良好的沟通要素中，话语占7%，音调占38%，而55%则完全是非言语的信号。通常，人们在沟通时，会在不知不觉中被自己的想法"缠住"，而漏失别人透露的语言和非语言。所以，沟通时千万不要以自我为中心，让自己成为沟通有效倾听的最大障碍。

7. 抱着负责任的态度

负责任的态度能增加你与他人对话成功的机会。参加任何会议前，都要妥善准备，准时出席，不要随意退席或离席，而且要集中注意力。你是否有过和别人说话，而对方却心不在焉的经历？不要坐立不安、抖动或看表。如果你能决定会议的场地，选一个不会被干扰、噪声少的地方。如果在你的办公室，走出有权威障碍、妨碍沟通的办公桌，站或坐在你谈话对象的身旁。如此，会让对方觉得你真的有诚意听他们说话。

8. 不要有预设立场

如果你一开始就认定对方很无趣，你就会不断从对话中设法验证你的观点，结果你所听到的，都会是无趣的。

9. 要学会听出言外之意

在工作中，你要领会领导的弦外之音，否则好不容易等到的升迁机会，就会与你擦肩而过。

有个销售部的同事叫王×，性格很豪爽，为人很实在，他和销售部副总经理私交很好，有一次销售副总经理特意安排王×和他去美国出差，当时想与领导同去的人很多，对于这件事大家议论纷纷。考虑到影响问题，领导当着大伙的面问了一句："小王，你的英语很好吧？"可当时小王就没听出领导的弦外之音，老老实实地回了句："我的英语很差啊！"话刚说出口，他旁边的同事就毛遂自荐道："领导，我的英语不错。"

这时王×才发现自己做了件傻事，领导只是给自己一个去美国的机会，只管点头就好了，结果把机会拱手让给了别人，最后那个毛遂自荐的同事顺利地去了美国公干。可是，大家都知道当时在场的几个同事英语水平都不怎么样。

即使听自己最喜爱的人说话，也容易只听到表面的含义，而忽略了话中有话。"你的钱用光了？这是什么意思？全家的人只知道拼命花钱！"这番气冲冲的抨击话可能与家庭的开支无关。真正的含义是什么？"今天的工作已经把我折腾够了，我正想发脾气。"

要是你善解人意，便听得出这番气话隐藏着委屈和挫折。在较为心平气和时，稍微说一两句表示关心的话，比如"你今天看起来很疲倦，今天很辛苦吧？"等，就可帮助一个满腹牢骚的人，以不伤感情的方式消气。

三、积极地倾听

要想达到有效倾听目的，首先心理上就必须积极地倾听，因为只有产生愿意接纳的心态，才会愿意主动地听。积极倾听的表现如下图所示。

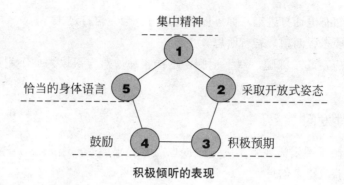

积极倾听的表现

1. 集中精神

倾听时要选择适宜的环境,营造轻松的气氛。随时提醒自己交谈到底要解决什么问题,倾听时应保持与谈话者的眼神接触。

注意适当把握时间的长短,如果没有语言上的呼应,只是长时间地盯着对方,会使对方感到不安。要努力维持头脑的警觉,不仅用耳朵,而且要用整个身体听对方说话。

2. 采取开放式姿态

开放式态度意味着控制自身偏见和情绪,克服先入为主的想法,在开始沟通之前培养自己对对方的感受和意见的兴趣,做好准备,积极适应对方思路,来理解对方的话。

3. 积极预期

努力推测谈话者可能想说的话,有助于更好地理解和体会对方的感情。但是"预期"并不等于"假设",并不是你假设了对方的想法,然后就真以为对方就是这样想的了,如果你真相信了自己的假设,你就不会再认真倾听了。

4. 鼓励

使用带有"鼓励性"的语言使对方能够尽可能地把自己的真实想法说出来,以便于了解更多的信息,采取相应的策略。

比如,"您说的非常有价值,请您再讲下去!"

5. 恰当的身体语言

给予表达方以恰当的身体语言,表明你准备或者在倾听,倾听身体语言如下。

(1)可以示意,使周围的环境安静下来。

(2)身体坐直,拿出笔记本。

(3)身体前倾。

(4)稍微侧身面对对方。

(5)眼睛集中在对方身上,显示你给予发出信息者的充分注意。

（6）突然有电话打进来，你可以告诉对方一会儿再打过来。

（7）不要东张西望，若有所思。

（8）不应跷起二郎腿，双手抱胸，这样容易使对方误以为你不耐烦、抗拒或高傲。

四、正确地发问

其实，倾听不仅需要听，关键时候也需要提出问题，因此必须掌握正确发问方式，以此获取更多信息。

1. 开放式发问

能够给予对方发挥的余地，讨论范围较大的问题以便获取信息。即使你不想要答案也要提问。这样可以使你借此观察对方的反应和态度的变化。

常用词语有：谁；什么时候；什么；哪里；为什么；怎么样；请告诉我。

比如，"从哪里开始的？""你想这为什么会发生呢？""你认为有什么其他的原因吗？"

2. 清单式发问

提出可能性和多种选择的问题，目的在于获取信息，鼓励对方按对方优先顺序进行选择。

比如，"目前，公司员工士气低落，您认为是什么原因造成的？市场环境恶劣？工作压力太大？待遇不理想？"

3. 假设式发问

让别人想象，探求别人的态度和观点，目的在于鼓励对方从不同角度思考问题。

比如，"假设你们事先考虑了这个问题，结果会怎样？"

4. 重复式发问

重复信息以检验对方的真实意图，目的在于让对方知道你听到了这样的信息，并检查所得到的信息是否正确。

比如，"你谈到的想法是什么？""你刚才说的是什么？""让我们总结一下好吗？"

5. 激励式发问

目的在于表达对对方表达的信息的兴趣和理解，鼓励对方继续同自己交流。

比如，"您说的是……这太有意思了，当时您是……""这刚才提到……真是太有挑战性了，那后来……""这太令人激动了……您可不可以就有关……"

6. 封闭式发问

目的在于只需要得到肯定和否定的答复。常用的词语包括：是不是；哪一个；

或是；有没有；是否。

比如，"过去是否发生过类似的情况？""对于这两种方案，你更倾向于哪一个？"

相关链接

不正确的态度影响倾听

常言道，耳朵又没有开关，"听"还不简单？"听"还不容易？"听"对我们来说很容易。没错，人有两耳，对方说话都能听见。但是在职场上造成人际关系沟通不畅的直接原因就是，许多人不注重倾听，不会倾听，更进一步说，很多人在倾听心态和倾听能力上存在着缺陷和障碍。

1. 无心倾听

当我们正尝试倾听身边人讲话时，大脑被其他事情所占据，脑子里面想的却是另外一件事。这件事妨碍了我们倾听对方传达的重要信息，漏掉了对方正在强调或者重复的一个短语或者一个词，漏掉了对方短暂的停顿，对方坐立不安的表情，咳嗽或者翻弄纸张的动作——所有的信号都说明："这一点很重要。"我们无心倾听会错过很多有效信息。

有时说者为了讲解清楚事件的来龙去脉，往往不得不把重要的信息，比如重要的事实、迂回的说理、意味深远的结论放在后面。于是，总体上来看，说者发出的信息越来越重要，可是听者接收的信息却越来越少、越来越零散，而积累的倾听偏差越来越大。

2. 没听装听

听者完全没有注意说话人所说的话，假装在听，其实却在考虑其他毫无关联的事情或内心构想着辩驳。他更感兴趣的不是听而是说。这种层次上的倾听将是支离破碎的倾听，努力地按照自己的思维方式去理解对方或主观臆断地强加给对方，导致双方的沟通难以进行，甚至出现冲突和关系破裂。

3. 只听字词

听者主要倾听讲话者所说的字词和内容，但很多时候，还是错过了讲话者通过语调、身体姿势、手势、脸部表情和眼神所表达的完整意思。当然，人际沟通的关键是对讲话内容意义的理解，但讲话人的情感、举动是对其语言的强化和补充。有时听者是通过点头来表示正在倾听，而不是表示同意说者的观点，所以说话人可能误以为所说的话被完全认同了，这将导致误解、错误的举动、时间的浪费和对消极情感的忽略。

4. 选择性倾听

处于选择性倾听的人会表现出一个优秀倾听者的特征。这种倾听者在说话者的信息中寻找感兴趣的部分，他们认为这是获取新的有用信息的契机。高效率的倾听者清楚自己的个人喜好和态度，能够更好地避免对说话者做出武断的评价或是受过激言语的影响。好的倾听者不急于做出判断，而是对他人的情感感同身受。他们能够设身处地地看待事物，用询问而不是辩解的方式解决问题。但是对于大多数普通人来讲，选择性倾听并不适用。

第三节　有效表达，提升沟通的效果

俗话说："良言一句三冬暖，恶语伤人六月寒"，语言可以给人以勇气、快乐和欣慰，同样也能给人以伤害、难受和愤怒，可见如何表达则效果大不相同。

一、有效表达的准则

"表达"拆字可分为："表"是指把自己的思想和感情表现出来，"达"是指让对方能清楚知道你的思想和情感。沟通过程中，只要做到善于"表"，注重"达"，就能达到沟通的效果。

一般来说，职场中，遵守下图所示的准则，就能做到有效表达。

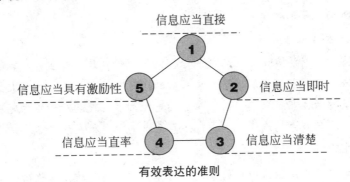

有效表达的准则

1. 信息应当直接

有效自我表达的首要条件，是知道什么时候该说什么。这意味着你并非想当然地认为人们了解你的所思或所求。

"不直截了当"会让你付出巨大的情感代价。有些人知道什么时候需要沟通，但害怕这样做；相反，他们却试图去暗示，或告诉第三方，希望最终能传到对方耳里。这种拐弯抹角的做法是有风险的。暗示常常会被误解或忽视。

2. 信息应当即时

如果你痛苦或生气，或需要改变什么，延误沟通会恶化你的感受。你的愤怒可能会郁积在心里，受挫了的需求可能会变成你心里长久的隐痛。你没有及时表达的情怀会在日后以微妙的或暗中较劲儿的方式表达出来。

有时候，没表达出来的感情像一个胀满的气球，稍稍一刺就会爆炸，倾泻出长期积累的愤怒和不快，这样的大发脾气会使你的家人和朋友疏离，迅速及时的沟通不仅能及时反馈，增加人们知道你的需求并相应调整其行为的可能性，更能增加亲密感，与大家分享了你现时的反应，即时沟通更令人感动，因而有助于巩固你们的关系。

3. 信息应当清楚

清楚的信息才能完整而准确地反映你的思想、情感、需要和观察。在表达过程中，你不要遗漏任何东西，也不能用含糊或抽象的话来骗人。

确保表达信息清楚有赖于你的意识，你必须知道自己观察到了什么，以及你有怎样的反应。你在外界的所见所闻很容易与内心的所思所感相混淆。要清楚地表达自我，就要花足够的工夫去区分这些要素。

4. 信息应当直率

直率的信息是指说出来的目的与真实的沟通目的是一致的。伪意图和潜台词会破坏亲密关系，因为它们使你处于一个操纵别人而非平等待人的位置。当你的信息能直率地表达出来，你的真诚实意会打动对方。

要做到直率，还意味着你要讲出事实真相，要说明你的真实需求和感受。如果你真的很生气，并想得到更多的关注，就不要说你累了，想回家。不要因为你的配偶说你爱发火，就说自己得了抑郁症。说谎会切断你和别人的关系，当你为了保护自己而说谎，就与直率背道而驰了。

5. 信息应当具有激励性

具有激励性是指让对方能听下去，不至于掉头而去。问问自己："我希望别人怀着戒备心听我讲话，还是准确地把握我的信息？我的目的是贬损别人，抬高自己，还是沟通？"

二、有效表达的要点

我们有时候会发现，不论自己如何尽力表达，就是不能让对方明白，这种沟通就是失败的，而有效的表达就是能让双方都达到彼此明白为最终目的。要做到有效表达，需注意下图所示的几个要点。

有效表达的要点

1. 时间恰当

你自己或是你委托你的秘书,安排一个时间,使你和你的听众在这个时间里进行交谈,不受外界的影响。如果事情很重要,可以安排一个较长的时间。同时,如果可能的话,尽量估计一下时间,告诉你的听众谈话会进行多长时间,并尽量在规定时间内结束。

2. 地点恰当

思考一下你所要表达的事情,什么样的事情需要一个正式的场合,什么样的事情可以在一个较为宽松或随意的环境下进行交谈。考虑一下你进行表达的过程中是否受干扰。一般情况下,同听众以正式的方式进行交谈,需要一个不受干扰的空间,不要一会儿走进一个人要你签字,一会儿又走进来一个人要你处理其他的事,这样会打断你的思路,同时,也会分散听众的注意力,不利于进行正确的表达,有时甚至会产生其他意想不到的后果。

3. 考虑听众情绪

表达应当确切、简明、扼要和完整。拖泥带水,说了半天也说不清楚的表达,或是以为你的听众没有明白,一个观点重复很长时间,很快就会使你的听众丧失继续听下去的耐心。所以,在你进行表达之前,应尽量做好准备,把要达到的目的、主要内容、如何进行表述粗略地组织一下。

> **沟通密码**
>
> 沟通前最好估计一下需要多少时间,尽可能在这个时间内结束表达。

4. 强调重点

这样可以告诉你的听众对于什么内容需要他们格外重视。你可以在重点的地方稍微停顿一会儿,或是重复一下你的观点,或是征询你的听众对此的看法。这样就会避免出现讲了很长时间,听众听得云里雾里,最后却不知道你究竟想说什么的尴尬局面。

5. 语言与形体语言表达一致

形体语言有时会帮助我们加强表达,使我们的表达更有力和活泼,但也要注意有时却会起到相反的作用。

6. 检查听众是否明白

在表达的过程中,要花些时间检查听众是否听明白了你所表达的内容。尤其对于重点的地方,你可以停下来,问一下你的听众,明白不明白,或者采取相关问题的方式了解听众的状态。如果听众没有完全弄懂你所要表达的内容,你可以重复一下所说的,或采用其他方法再讲一遍。这样,便于你及时发现问题,调整你的表述方法,虽然看起来是浪费了时间,但总比花了时间讲了很多内容,最后听众没明白的效果好。

7. 改述或重复

当你所要表达的意思对于听众来讲比较复杂,理解起来有一些难度的话,可以采用几种不同的方法,从问题的不同侧面进行阐述,或者多重复几遍,直到我们认为听众已经明白了我们所讲的内容为止。

8. 建立互信气氛

在表达前、表达中、表达后,最为关键的是建立一个相互信任的气氛和关系。这样,以上表达的要点才适用。如果大家互不信任,再好的表达又有何用呢?

三、认识不良表达

并不是所有的表达都叫有效表达,要令双方都明白对方的意思,这才叫有效表达。要有效表达,就要认识哪些属于不良表达,从而在自己表达过程中尽量避免。

1. 准备不充分

在表达之前,应有一个比较完整、系统和有逻辑的计划。对想要说的事情做到心中有数,特别是清楚你要达到什么样的目的和效果,根据所要达到的目的和效果,开始说什么,应当如何展开,是由浅入深,还是一开始就切中要害。如何结束自己的表达,是自己总结要点,还是让对方总结,还是暂时得不到什么结果,需要等待听众回去进行思考总结。

没有进行预先的准备,常常导致表达过程中,思路混乱,他人所要表达的内容前后不一致,最后,无法达到自己所要达到的谈话目的。而听你讲话,是在浪费时间。更为严重的是,听众会误解你的意思,出现与你的初衷大相径庭的结果。

我们可能会过分注重自己所要表达的内容,而没能站在听众的角度上思考听众可能的态度,一旦听众的反应在"意料之外",就会感到措手不及,忙于应付,临时找答案,最后可能发现你已经偏离了你的本意,或者照此下去,根本就无法达到你的目的。

2.表达不当

即使我们事先对所要表达的内容进行了准备，但在表达过程中，不仔细选择用词，在说的时候，不经过大脑的加工，随意说出一些话来，话说出来之后，你会突然意识到，"我怎么说出这些话了"。

不当的用词如下。

（1）不考虑表达对象，语言比较粗俗。

（2）一些触到听众痛处的话，比如对方的外号，曾经的失误，对方不愿意别人知道的隐私等。

会上总经理要经理们讨论对新的财务制度的看法，没有人发言，这时，总经理说："来，'李揭秘'，你说说看。"大家哄堂大笑，李经理却不高兴了。"李揭秘"是他前次揭发公司内部吃回扣问题时别人给他起的外号，他因此得罪了不少人，不愿再提及此事。

（3）在你说到兴头上的时候，可能把不该向听众泄露的信息泄露了出去。

肖经理和行政部的小王中午一起吃饭，聊得很投机，肖经理说："我就看不出你们部门的小张哪点比你强，怎么这次就派他去法国参加培训？"这个消息本来刚刚才在公司部门经理会上决定，还没有正式在公司会上宣布。

这样的一些话，一方面泄露了公司的机密；另一方面，很有可能使对方产生其他的想法，传达了错误的信息。

在说的过程中，注意把要说的话先在脑子里过一遍，不要话说了以后后悔。所以，说话不要太快，思考以后再说，没有人会过分责怪你说话太慢，只会责怪你说得不对。

3.不注意听众的反应

在谈话过程中，我们可能只顾自己说，不去注意听众对沟通内容的反应。

听众的反应可能来自他们的身体语言。

（1）不断地看手表，说明他们可能还有其他的事情要去办。

（2）不时改变坐的姿势，可能表示他们对你的沟通不感兴趣。

（3）听众也可能通过急着打断你的讲话，来表示他们另外的想法。

快速思考为什么你的听众会如此反应，这些都是负面的反应，需要你及时调整谈话思路，从其他的角度、话题着手进行谈话。

当然，你也会感受到听众对你的谈话非常关注，他们可能通过把身体朝向你、点头、微笑等表示出来，这些都是正面的反应，说明听众对你的认可，你可以继续这种谈话风格、思路，并利用听众的这种正面的情绪，从而达到你的谈话目的。

如果听众出现负面反应，而你却只顾按照自己的思路，一味讲下去，或者虽然注意到了,但不能有效调整自己的思路,那么就无法向听众表达你的信息,当然,听众就无法认可你的信息,你也就无法完成你的沟通目的。

4.时间和地点不恰当

进行表达时选择的时间和地点不恰当是一个阻碍因素,这种阻碍一方面可能直接就能表现在谈话的当时——谈话的地方人来人往,听众听不清楚你所说的话;听众接下来还有重要的活动,你只有很短的时间进行表达。另一方面,不恰当的时间和地点选择也可能出乎你的意料,造成其他问题。

业务部叶经理手下的一位分部主管工作一直非常勤恳、认真,最近一家新店的开业就是由她主办的。由于离家远,她连续一个月没有回家,但是,开业检查时,却因为店里员工着装不合格,而受到了批评,她感到很委屈。叶经理一上班,就把她叫到办公室谈话,这位主管说到新店开业过程中自己遇到的困难,不禁哭了起来。这个时候,另一个分部主管敲门进来送一份报告,看到了她在哭,场面显得很尴尬。

5.错误的"身体语言"

说话时喃喃自语、含糊其辞、拖泥带水,眼睛不看着对方,说话的同时有很多容易令人分心的身体动作,如:

(1)眼睛始终"游离不定";
(2)看手表;
(3)手里玩笔、小纸条。

这些"小动作"一方面使听众不能集中跟着你的话题进行思考;另一方面使听众不重视你的谈话,认为你的心思不在谈话上。

6.自己对所表达内容不感兴趣

听众总会通过你的情感流露感受到这一点的。

如果你对所表达的内容不感兴趣,那么干脆别说;出于职责,你必须要有所表达时,应当以利益为重。

肖经理请一位客户吃饭,饭桌上又是谈论足球的话题,这位客户是个足球迷,而肖经理却对足球不感兴趣,但又不得不硬着头皮谈论此话题。

第四节 适时反馈,强化沟通的成效

在沟通过程中,没有反馈的信息,沟通就不完善,因为信息传递出去了却没有反馈回来,是一种单向的行为。所以说,没有反馈就不能称为完整的沟通。反馈,就是给对方一个建议,目的是为了帮助对方,把工作做得更好。

一、反馈的类型

在沟通过程中,最后一个步骤是信息反馈。什么是反馈?反馈就是沟通双方期望得到一种信息的回流。我给你信息,你也要给我信息反馈。

反馈有两种,具体如下图所示。

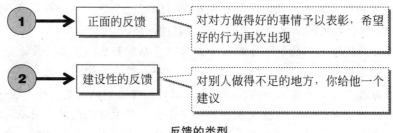

反馈的类型

> **沟通密码**
>
> 建设性的反馈是一种建议,而不是一种批评,这是非常重要的。

二、给予反馈

如何才能更好地给予反馈呢?在这里,需要掌握一些反馈要点。

1.针对对方的需求

反馈要站在对方的立场和角度上,针对对方最为需要的方面,给予反馈。

比如,在半年绩效考核中,下属渴望知道上司对他工作和能力的评价,并期待上司能为自己指明下一步努力的方向。如果作为上司,在绩效考核之后不反馈,或者轻描淡写地说一下,则会挫伤下属的积极性。

2.具体、明确

以下是给予具体、明确反馈的两个例子。

(1)错误的反馈

"小李,你的工作真是很重要啊!"

这种表述方式很空洞,小李也不知道为什么自己的工作就重要了,从而不能真正给对方留下深刻的印象。

(2)正确的反馈

"公司公文和往来信函,是一个公司素质高低的表现,代表着一个公司的水平、精神和文化。小李,你的工作很重要。"

这种对下属的反馈就不是空洞的、干巴巴的说教，而能起到事半功倍的效果。

3. 有建设性

全盘否定的批评不仅是向对方泼冷水，而且容易被遗忘，下属很可能对批评的意见不屑一顾，同严厉的上级无法进行有效的沟通；相反，赞扬下属工作中积极的一面，并对需要改进的地方提出建设性的建议，更容易使下属心悦诚服地接受，对于大多数人来讲，赞扬和肯定比批评更有力量。

4. 把握时机

销售部晓月到经理办公室问："我在门店干得挺好，上周还是门店销售周冠军，有一位顾客还特意到店里表扬了我，为什么您评估给我打了最低分。"她的情绪非常的激动。马经理仔细地听了晓月的叙述，并没有做进一步的说明。只是要晓月回去，写一个报告。两天过去了，马经理找晓月进行了一次谈话。

如果马经理在晓月情绪非常激动的时候，告诉晓月市场部经理给他打低分的原因，晓月肯定听不进去，这样的反馈不会取得任何功效，反而可能会加深晓月心中对上司的不满，也无益于改进工作方法。

5. 集中于对方可以改变的行为

这样可以不给对方造成更大的压力，他感到在自己的能力范围内，能够进行改进。

小罗的字写得不好，但打字的速度很快，那么，当小罗交给你一份字迹潦草的报告时，你可以给予他这样的反馈：建议小罗下次打印一份。小罗认为打字根本没有问题，他会乐意接受你的建议。

6. 对事不对人

进行反馈，我们是针对人们所做的事、所说的话，通过反馈，不仅是自己，更重要的是对方清楚我们的看法，有助于使人们的行为有所改变或者发展。"这件事这样使处理起来有问题。"而不是，"你这个人就是不行。"

7. 考虑对方接受程度，确保理解

大多数下属赞赏上司对他的工作做出坦诚和有启发性的反馈，但是也存在着下属一次能够吸收多少的问题。把反馈的重点放在你认为是最重要的问题上，这样因为观点清晰将确保你尽量少地占用他们的时间。

三、接受反馈

所谓有效反馈，不仅是向他人反馈，还包括接受他人的反馈，作为接受反馈者，需要掌握反馈的要点，具体如下图所示。

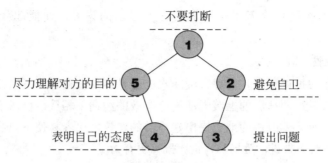

接受反馈的要点

1. 不要打断

听是第一位的,作为反馈接受者,必须培养倾听的习惯。向对方传递这样的信息,"你慢慢说,我听着。"使倾听者能够尽可能多地了解反馈者。如果急于打断对方的话,会造成以下两种结果。

(1) 打断了对方的思路。

(2) 由于你的表述,使对方意识到他的一些话可能会冒犯到你或触及你的利益,所以对方把想说的话隐藏起来,并有足够的时间进行伪装,就不会坦诚地、开放地进行交流,因此就无法得知对方的真实反应是什么。

2. 避免自卫

大多数人会有意识地去接受建设性的批评。我们的冲动不是倾听,而是设计自我保护的应答。如"别说了!根本不是那么回事!"

打断对方的话以解释对我们的限制因素;试图引导注意力返回到我们的目的或兴趣。这种反应会激起对方这样的反应:"他根本就不想听我说话",最终可能导致对方不认真地对待你。

3. 提出问题

倾听绝不是被动的,沿着对方的思路而不是引导对方思路,你传递出礼貌和赞赏的信号。

提问是为了获得某种信息,在掌握倾听目标的前提下,把讲话人的讲话引入自己需要的信息范围之内。总结接收到的反馈信息,以确认对它的理解。

在对方结束反馈之后,你可以重复一下反馈中的主要内容、要点,并且征求对方关于你总结的要点是否完整、正确,这样保证你正确地理解了对方要传递的信息。

4. 表明自己的态度

对于同上司的沟通,可以在结束之后给出一个简单的行动方案,之后,再做出详细的计划。如果是下属,则没必要给出一个行动方案,但即使是对于不十分重要的事情（然而对下属来说可能非常重要）也要稍微表明一下你的态度，给下属一个"定心丸"。这样，使对方感到对你信任。今后他们有问题还能够找到你进行坦诚的交流。

5. 尽力理解对方的目的

当你听对方讲话时，如果不把你的目标暂时地放在一边，不把焦点放在对方所想实现的目标上，就不会完全理解他们。虽然现实的反馈是清晰的，但是他可能包含着次要的微妙的目的。

反馈中的常见问题

1. 不反馈

不进行反馈是沟通中常见的问题。许多人"误"认为沟通就是"我说他听"或"他说我听"，常常忽视沟通中的"反馈"环节。不反馈往往直接导致两种不好的结果。

（1）信息发生的一方（表达者）不了解接收信息一方（倾听者）是否准确地接收到了信息。在沟通时，常常遇到一言不发的"闷葫芦"，你表达的信息往往"泥牛入海"，毫无消息。

与这类不反馈的人进行沟通时，经常会产生种种障碍。你不知道对方是否准确地理解了你的意思，根本没有机会通过重复，换一种表达方式、用词等，使对方准确地接收信息，而准确地接收信息是沟通的重要目标。

（2）信息接收方无法澄清和确认是否准确地接收了信息。

2. 将发表意见当成反馈

经常可能听到这样的议论："我们已经将我们的意见反馈给他们了"，"谁说我们不反馈？我们经常向各个部门反馈情况"。这些都仅仅将发表意见当成反馈。

3. 一些消极反馈

一些消极的反馈，不仅没有促进沟通，通过反馈澄清事实，反而加剧了沟通中的误解和失真。

消极的反馈之所以是消极的，关键在于这种所谓的反馈没有起到确认和澄清对方信息的作用。相反还给了对方"我已经明白了""你说的对"等错误的、失真的信息。

第四章
因人而异,让沟通易如反掌

第四章 因人而异，让沟通易如反掌

场景导入

不知不觉，小陆已经上了四节沟通培训课了。近段时间以来，他觉得自己在工作中已经顺手多了，在给下属安排工作时，他会先了解情况，并用心倾听下属的意见，再也不像以前那么武断了；在给领导汇报工作时，他也知道了如何有效地表达自己的观点，而不像以前那样逻辑混乱，毫无章法，抓不住重点了。

想到这里，小陆的心里美滋滋的，这不，女儿刚睡完午觉起来，小陆就迫不及待地带着她出门了。

到了培训教室，只见大家都围着小黄，小陆见状走过去，发现小黄的桌上摆着一张聘书，原来是小黄最近表现不错，成功处理了几桩棘手的客户投诉案，被提拔成为客服部的主管。大家纷纷向他道贺，小黄笑着说："谢谢大家！这都归功于刘老师的培训课呀，让我学会了如何与人沟通，才有了表现自己的机会。"

说话间，刘老师也走进了教室，得知原委后，刘老师也向小黄道贺，并说道："社会是人的聚集，人是有思想的动物，需要沟通才能相互理解，达成一致。而在职场中，要想实现自己的目标，面对形形色色的人就不能只靠热情、愿望和承诺，还要靠与他人沟通，而如何建立有效、高效的沟通是对每个职场人士的考验。用一个远大的目标把下属凝聚起来，动员大家共同努力，实现目标，需要交谈；要和同事之间、合作伙伴之间消除误会，达成谅解，重新建立信任，需要交谈；请求他人帮忙，要求他人执行命令，需要交谈；对他人的工作进行评价，对以往的工作进行回顾，也需要交谈……离开沟通，个人就成为社会中的一座孤岛。可以说我们只要生活在这个社会中，就避免不了与他人交谈，进行沟通，这是生存的必需。

那接下来的这节课，我们就来谈谈如何与不同的对象进行沟通。"

第一节　如何与上司沟通

　　人人都有自己的领导。上至国家领导，下至普通百姓，都是如此。只是人们的叫法不同，有的叫"领袖"，有的叫"老板"，也有的叫"头儿"，总之都是一种人，那就是领导你的人。

　　对你的领导，你可能把它看作自己的朋友，也可能把它看作自己的"敌人"。但是无论如何，你的领导毕竟是你的领导，既然如此倒不如运用你的沟通能力，与你的领导化敌为友，建立良好的关系，这样大家都会感到很愉快。

一、请示汇报的智慧

关于请示汇报的智慧，可以用下图所示的三点来概括。

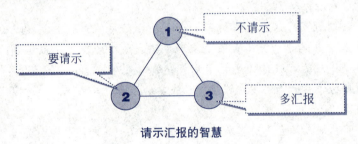

请示汇报的智慧

1.不请示

对于属于自己管理权限之内的事情，特别是日常的、例行的工作，自己只要主动去做就行了，只需向上司汇报结果即可。这样上司会认为你是一个有主见、有魄力、有领导力的人。如果出于对上司的"敬畏"而事事请示，上司就会对你的工作主见、工作魄力甚至领导力产生疑问，从而留下不好的印象。

2.要请示

对于超越自己管理权限的事项，下属就必须要请示，不能"先斩后奏"，越权处理。既然必须要请示，那么该如何请示呢？很多下属常常会不假思索地这样请示。

"领导，感觉最近员工的士气总是不高，您能不能给我些建议？"

"领导，这个月促销的效果不明显，您看咱们是不是加大些力度？"

"领导，刚才接到客户投诉，认为所投放的广告没效果，要求咱们退款，您看该怎么办？"

对于这样的请示，上司自然不会给予答复。其实，请示工作应该多问选择题、少问判断题、不问问答题。

所谓选择题,就是面对问题下属要先运用自己的智慧提出各种解决方案,然后像"选择题"那样列出来供上司选择。如上例中的第一个问题,我们尝试用"选择题"的方式,看看情形会有什么不同。

"领导,我感觉最近员工的士气不高,业绩也受到了影响。这两天,我与大家沟通了一下,感觉主要是临近春节,很多客户都忙着拜年和要账,没有精力与我们谈广告业务,而我们的业务员也都想着买票回家过年,所以整个团队士气不高。我感觉春节前这段时间还是很宝贵的,我们必须提高团队的士气,我有两个方案,您看怎么样?第一个方案:我们在团队内部做个竞赛,业绩排名前六的,公司帮助解决回家的火车票。第二个方案:开展激励活动,对表现良好的,公司准备一个春节大礼包。您看这两个方案,花费都不会超过六千元预算,而增加的收入可能是六十万元,您看选择哪个会比较好?"

对于下属而言,把"判断题、问答题"抛给上司是不明智的做法,甚至会导致上司出现错误的判断或决定,而使自己的工作陷入被动。因此,在请示上司时,使用"选择题"的做法效果是最好的。

3.多汇报

工作中要多汇报,特别是要主动、及时地汇报。要知道,每一个上司最苦恼的事情之一就是不知道下属在干什么、干得如何?如果上司总是直接问下属,下属就会认为上司不信任他,上司也会担心给下属造成不必要的压力;如果上司不问,下属也不主动汇报,上司就会闷得慌,担心下属是否在认真执行?有没有什么需要帮助解决的重要问题?会不会出现措手不及的事情等。

因此,作为称职的下属,就必须主动、及时地向上级汇报自己的工作。汇报是下属的义务,听不听是上司的选择。一定不要担心上司没时间听而不主动汇报!等到上司直接问下属的时候,往往是因为下属汇报晚了,上司实在等得不耐烦了。

> **沟通密码**
>
> 在上司面前,一定要让自己的工作透明,让上司随时知晓自己在做什么,做得如何,有什么需要支持或指导的地方。

那么,该如何向上司汇报呢?很简单,汇报工作讲结果。我们在汇报工作时要先讲结果。因为上司每天的工作很多,你应该为他节省时间。如果你先讲出很多过程来,等上司不耐烦地摆摆手说"简单点儿!"你再把结果说出来,不仅让你感到很难堪,而且上司也会认为"这人太啰唆,做事不利索"。

特别是工作失败的时候,一定要先说结果后说原因,因为在没有听到结果前,你的上司会认为你所讲的每句话都是在为失败找借口。当你先说出结果后,如果上司关注具体细节的话,他自然会问你,这时候你再说明原因,你的上司就会认为你在陈述事实了。因此，同样是失败，先说出结果与后说出结果给上司的印象会截然不同。

 相关链接

把握与上司沟通的原则

在与上司进行有效的沟通时，如果能按照沟通原则，则沟通水平和效果一定能大大提高。

1. 沟通要勤

随时让上司了解情况，特别是在事情刚露出台面的时候。

2. 切忌越级上报

有意或无意绕过直接领导是触犯直接领导的大忌。现代管理要求下属对上司逐级负责，多头管理和越级管理是现代管理中所淘汰的。

3. 切忌报喜不报忧

报喜是应该的，报忧更是必需的，发现问题苗头，就应火速禀报，以免造成的损失或副作用过大，应把不利因素消灭在萌芽状态。

4. 急事快为先

发生十万火急的事情，应尽快约定时间和上司碰头；事后禀报重大事情，上司是不会愿意承担重大责任的。

5. 简洁明了

提出自己的观点、建议或意见时，要简明扼要，不应该长篇大论、不着边际。

6. 重视书面材料

提供重大情况、汇报重大消息时，最好有书面材料，必要时还应附上支持的证据。

7. 忌有问无答

提出问题的时候，应同时拿出自己的解决方案，不要只提问题而不管问题如何解决。

8. 绝对服从上司

与上司意见相左时，应遵循下属服从上司的原则，先认同上司的观点，再寻机表达自己的不同意见，诚恳地请教上司，达到上下级观念一致。

9. 忌争功请赏

与上司意见相同时，应将功劳归于上司的英明领导，切忌争功或邀功请赏。

> **10.态度要适当**
> 如果对自己的建议或决策有相当的把握时,不妨表现出信心十足的模样,挺直胸膛,否则应虚心地向别人请教,尤其是向上司请教。

二、说服上司的智慧

上司也有决策失误的时候,此时作为下属一定要据理力争,不过,方法很重要。那么,该怎样说服上司,让上司理解自己的主张、同意自己的看法呢?说服上司有五大关键,具体如下图所示。

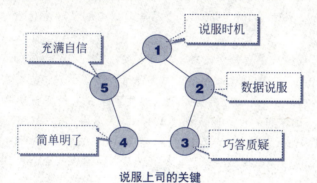

说服上司的关键

1.说服时机

正所谓"时机不对、努力白费"。刚上班时,上司会因事情多而繁忙,到快下班时,又会疲倦心烦,显然这都不是说服的好时机。那么,什么时候会比较好呢?

通常推荐上午10时左右,此时上司可能刚刚处理完清晨的业务,有一种如释重负的感觉,同时正在进行本日的工作安排,你适时地以委婉的方式提出你的意见,会比较容易引起上司的思考和重视。还有一个较好的时间段是在午休结束后的半个小时里,此时上司经过短暂的休息,可能会有更好的体力和精力,比较容易听取别人的建议。

> **沟通密码**
> 记住一点,当上司心情不太好时,无论多么好的建议,都难以细心静听,要选择上司时间充分、心情舒畅的时候提出你的建议。

2.数据说服

在说服上司时,对改进工作的建议,如果只凭嘴讲,是没有太大说服力的。

所以，这就需要我们事先收集整理好有关数据，做成书面材料，借助视觉力量，就会大大增强说服力，形成石破天惊、风雨大至之势。

案例赏析

用数据说服董事长

某集团公司要在武汉设立一间分厂，A和B两个副总经理分别向董事长汇报他们的详细规划，董事长将根据他们的规划可行性来确定武汉分公司负责人。

A副总经理：关于在武汉设立分厂的方案，我们已经详细论证了它的可行性，大概3～5年就可以收回成本，然后就可以盈利了。请董事长一定要考虑我们的方案。

B副总经理：关于在武汉设立分厂的方案，我们已经会同财务、销售、后勤部门详细论证了它的可行性。根据财务评价报告显示，该方案在投资后的第28个月财务净现金流由负值转为正值，这预示着该项投资将从第三年开始盈利，经测算，该方案的投资回收期是4～6年。从社会经济评价报告上显示，该方案还可以拉动与我们相关的下游产业的发展。这有可能为我们将来的企业前向、后向一体化战略提供有益的借鉴。与该方案有关的可行性分析报告我已经带来了，请董事长审阅。

【点评】

上述两位副总经理的报告，显然B副总经理更具说服力。因此，到武汉上任分公司负责人非B副总经理莫属了。

3.巧答质疑

我们在说服上司时，上司对于你的方案提出疑问，如果你事先毫无准备，吞吞吐吐，前言不搭后语，自相矛盾，当然不能说服上司。因此，要想轻灵迅速地回答上司的质疑，就应事先设想上司会提什么问题，自己该如何回答。

相关链接

与上司沟通的八个黄金句

1.我们似乎碰到一些状况

以最婉约的方式传递坏消息。如果立刻冲到上司的办公室里报告这个坏消息，就算事情与你无关，只会让上司质疑你处理危机的能力。此时，应该不带情绪起伏的声调，从容不迫地说出这句话，让上司觉得事情并非无法解决，听起来像是你将与上司站在同一阵线，并肩作战。

2.我马上处理

在上司传唤时让他感到责无旁贷。冷静、迅速地做出这样的回答，会让上司直觉地认为你是名有效率的好下属；相反，犹豫不决的态度只会惹得上司不快。

3.××的主意真不错

这句话表现出团队精神，同事想出了一条连上司都赞赏的绝妙好计，你恨不得你的脑筋动得比人家快；与其拉长脸孔，暗自不爽，不如"偷沾"同事的光，会让上司觉得你有团队精神，因而另眼相看。

4.这个报告没有你不行

有件棘手的工作，无法独立完成，需要同事帮忙，应该怎么开口呢？说出对方的优点、赞美他的能力，突显他在这方面的权威性，上司通常会答应请求。

5.让我再认真地想一想，两点以前给你答复好吗

上司问了某个与工作有关的问题，而你不知该如何作答，千万不可以说不知道，应巧妙闪避不知道的事。这样做不仅可以暂时解危，也让上司认为你在这件事情上很用心。不过，事后应做足功课，按时交出答复。

6.我很想知道你对某件事情的看法

与高层要人共处一室，这是一个能够赢得青睐的绝佳时机。当你向上司汇报完后，就此事再次征求上司的意见，当上司给出自己意见的时候，你不仅获益良多，也会让上司对你的求知上进之心刮目相看。

7.是我一时失察，不过幸好……

承认疏失但不引起上司不满。犯错在所难免，勇于承认过失非常重要，不过可以不用因此对每个人道歉，不要让所有的矛头都指到自己身上，坦诚却淡化过失，转移众人焦点。

8.谢谢你告诉我，我会仔细考虑你的建议

如果自己的工作成果遭人修正或批评，的确是一件令人苦恼的事。不需要将不满的情绪写在脸上，不卑不亢让人觉得你更有自信，更值得人敬重。

4.简单明了

我们在说服上司时，上司的心里在想什么？你是难以琢磨的，往往你会越想越复杂，在这个时候你一定要切记：复杂的问题简单看，其实很多问题原本是不复杂的，只是庸人自扰把它想复杂了而已，所以在说服上司时一定要注意简单明了。

就像前面在武汉设立新厂的方案的案例，上司最关心的还是投资的回收问题。他希望了解投资的数额，投资回收期，项目的盈利点，盈利的持续性等问题。因此你在说服上司时，就要重点突出，简明扼要地回答上司最关心的问题，而不要东拉西扯，分散上司的注意力。

5. 充满自信

我们在说服上司时，你若对自己的计划和建议充满信心，那么你无论面对的是谁，都会表情自然；反之，如果你对自己的提议缺乏必要的信心，也会在言谈举止上有所流露。试想一下，如果你的下属表情紧张、局促不安地对你说："经理，我们对这个项目有信心。"你会不会相信他？你肯定会说，我从他的肢体语言上读到了"不自信"这三个字，我不太敢相信他的建议是可信任的。同样道理，在你面对自己的上司时，要学会用你自信的微笑去感染上司，征服上司。

三、拒绝上司的智慧

当上司布置的任务超出了我们能力和职权范围或上司的安排与自己的计划完全不同时，若按上司的安排做，自己的计划完全被打乱；若不按上司的安排做，又怕上司不高兴。

作为一名称职的管理者，需要掌握拒绝上司而且让上司没有不愉快的感觉这种能力。一般来说，是不能直接拒绝的，那么，该如何拒绝上司呢？可以运用下图所示的"拒绝三部曲"来处理。

拒绝三部曲

1. 耐心倾听

即使在上司述说过程中就已经知道必须要加以拒绝，也要听上司把话说完，千万不要立刻拒绝，立刻拒绝会让上司觉得你对他不重视，甚至觉得你对他有成见。让上司把话说完，既显示了你对他的尊重，也可更加确切地了解上司的真正意图。

同时，要边倾听边认真思考以下问题。

我现在有没有足够的时间来完成这项工作？

我是不是具备完成这项工作的专业能力？

我是唯一一个能够完成这项任务的人吗？

我能不能把手头上的一些工作委派给其他人做，从而为这项工作留出一些空间？

我能不能把手头上的工作先暂时放一放，等忙完了上司分派的这项工作再继续呢？

如果，经过和上司协商在时间上可以协调，在能力上你也具备，而且你是完成该工作唯一的适合人选时，那你就不要轻易地拒绝，否则会给上司留下没有责任心、不愿担当的印象。这样会失去在上司面前证明自己的机会，以后的晋升、加薪、外派学习的机会也会与你失之交臂了。

2. 婉转拒绝

对于上司交办的工作，如果确实与你现在手头工作有较大冲突，尤其是你不具备完成这项工作的能力，而且你与上司说明想法也无法协调时，你也不必搬起石头砸自己的脚。因此，拒绝在所难免。但是，拒绝上司一定要注意方式——婉转拒绝，这样才不会伤害到上司的自尊心。

对于这种拒绝，要做到和颜悦色、理直气和。也就是说当你开始说不的时候，态度必须是温和而坚定的，好比同样是药丸，外面裹上糖衣的药，就比较让人容易入口。但是，态度必须要坚决，我们经常以"需要考虑考虑"为托词婉转拒绝上司，内心却希望通过拖延时间使上司知难而退，这是错误的。因为这样会给上司以为有回旋的余地，而最终你选择的还是拒绝，这样对己对人都不负责任，为双方之间埋下不愉快的种子。即使你需要慎重考虑，也要明白地告诉上司你要考虑的具体时间，以表示自己的诚信。

案例赏析

否定上司的下属

菁菁，毕业一年多，在一家广告公司做广告文案策划。她漂亮、聪慧、干活利落，深得上司李经理赏识。

一次，李经理交给菁菁一项重要的任务：按照他的既定思路做一个详细的策划方案。李经理先告诉菁菁，客户是一个当地大型商业地产公司的总经理，并表示这个项目对公司的发展很重要。为此，李经理先提出了策划思路，让菁菁只要按照这个思路做策划方案就行了。

菁菁很不解：以前李经理顶多提个要求，策划方案完全由自己完成，而且每次都能得到李经理称赞。"难道是李经理对自己不够放心？不相信自己的能力？"菁菁发现李经理的思路有一个致命性的错误，如果按照那个思路做策划方案，肯定会遭到客户的拒绝。

于是，菁菁又找到李经理，当时李经理和全公司的领导正在开会，但菁菁当着众人直截了当地说："你的思路根本不对，应该这样……"直接否定了李经理。这让李经理感觉很没面子,结果是方案给了别人做。

【点评】
　　尽管最终的策划方案的确不是李经理预先的思路,但菁菁的同事没有像菁菁那样直接顶撞李经理,而是私下同李经理做了交流,李经理主动改正了原有的思路。结果,自然是皆大欢喜。

3.找到替代

如果上司意识到你无法承担新工作,你可替上司找到合适的时间、人选和方式来做好这件事,因为拒绝毕竟是件很难堪的事。比如:

"这件事可不可以安排在三天后,我那个时候就有时间了。"

"我实在没时间完成这项工作,这件事可不可以辛苦一下企划部的小李,他是老员工了,做事认真、踏实,文笔也不错,这件事交给他一定没问题。"

"关于您办公室装空调的事,公司有严格的审批制度,我要向公司申请,公司批准了我才能购买安装,但最快也要三天时间,今天肯定来不及。要不我先给您办公室弄个风扇您看怎么样!"

能够有替代、有出路、有帮助的拒绝,必能获得上司的谅解。

下面我们来做个心理测试,通过测试看看你与领导的沟通能力如何。当然,这个测试主要是一个侧面的反映,只能作为参考。

 心理测试 ▶▶▶

与领导沟通的能力

下面的测试题有三个选项:一贯如此、经常如此、很少如此,请根据个人的实际情况来回答。

测试题:

1.上司传唤时责无旁贷:我马上处理。

2.同事想出了一条连上司都赞赏的绝妙好计,你会说:这个主意不错。

3.上司问了你某个与工作有关的问题,而你不知该如何作答,你会说:让我再认真地想一想,下午4时以前给你回复好吗?

4.面对批评表现冷静:谢谢你告诉我,我会仔细考虑你的意见。

5.和上司交谈,选择上司心情愉悦、精力充沛的时候。

6.上司说出的意见和自己的相同,会说:不愧是上司,我就想不出。

7.向上司汇报工作,准备好了详细的资料和数据。

评分标准：

一贯如此计3分，经常如此计2分，很少如此计1分。

结果分析：

16~21分：能在工作中很好地运用与上司的沟通技巧，你的上司很欣赏你。

8~15分：你已经掌握了一些沟通技巧，你的上司会认为你是一个有潜力的人，但是还需要你不断地加以努力。

0~8分，你需要学习一些和上司沟通的技巧，适当地改善，才会使你充分地展示自己的才能，争取更广阔的发展空间。

第二节 如何与下属沟通

俗话说："得民心者得天下！"作为一名成功的上司，要学会与下属沟通，使下属竭心尽力地做好工作，成为你事业成功的左膀右臂。

一、下达任务的智慧

下达任务也是一种沟通，只是下达任务带有上下级的职权关系，它隐含着强制性，会让下属有被压抑的感觉。如果上司经常用直接命令的方式要求下属做好这个，完成那个，也许看起来非常有效率，但是工作品质一定无法提升。

因此，在下达任务的过程中，我们要打开沟通的渠道和大门，用正确的沟通方式使下属心情愉快地接受任务，并全力以赴完成任务。那么，如何给下属下达任务呢？具体方法如下图所示。

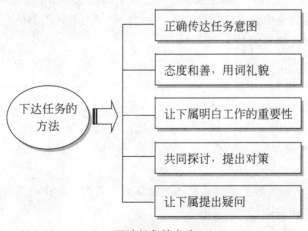

下达任务的方法

1. 正确传达任务意图

上司在下达任务时,要正确地传达任务,否则下属将无法掌握任务目标。你只要掌握5W2H法的重点,就能正确地下达任务。

比如,"小李,请将这份年度培训计划书打印1份,于上午10时前送到张副总经理办公室交给他,请留意打印的质量,张副总经理要带给总经理看。"

由此分析:Who(执行者)——小李;What(做什么)——打印文件;When(时间)——上午10时前;Where(地点)——张副总经理办公室;Why(为什么)——要给总经理看。How many(工作量)——1份;How(怎么做)——注意打印质量。

2. 态度和善,用词礼貌

作为一名上司,你在与下属沟通的时候,可能会忘记使用一些礼貌用语,如:"小张,进来一下。""小李,把文件复印一下。"这样的用语会让下属有一种被呼来唤去的感觉,缺少对他们起码的尊重。因此,为了改善和下属的关系,使他们感觉自己受到尊重,你不妨使用一些礼貌用语,例如:"小张,请你进来一下。""小李,麻烦你把文件复印一下。"

> **沟通密码**
>
> 要记住,一位受人尊敬的上司,首先是一位懂得尊重下属的上司。

3. 让下属明白工作的重要性

下达任务之后,不要忘记告诉下属这件工作的重要性,如:"小刘,这次市场调研很重要,它直接关系到我们公司产品投放的战略和战术,关系到新产品上市的成败。希望你能交上一份漂亮的答卷!祝你成功!"

通过告诉下属这份工作的重要性,来激发下属的成就感。让他觉得"我的上司很信任我,把这样重要的工作交给了我,我一定要努力做好才不负上司的期望"。

4. 共同探讨,提出对策

即使命令下达,下属也明白了他的工作重点所在,我们也已经相应地进行了授权,但切不可做"甩手掌柜",不再过问事情的进展,尤其当下属遇到问题和困难,希望我们协助解决时,更不可以说"不是已经交给你去办了吗?"

我们应该意识到,他之所以是你的下属,就是因为他的阅历、经验可能还不如你,那么这时候我们应该和下属一起共同分析问题,探讨状况,尽快提出一个解决方案。

比如,"我们都了解了目前的状况是这样的,我们来讨论一下该怎么做?"

5. 让下属提出疑问

最后,可以询问下属还有什么问题及意见,如:"小王,关于这个投标方案,你还有什么意见和建议吗?"如果采纳了下属的意见,千万别忘了称赞他。如:"关于这点,你的意见很好,就照你的意见去做。"

怎样成为受下属爱戴的人

相信每个上司都希望成为受下属爱戴的人,可是怎样才能做到呢?在这里,有些技巧可以让你轻松实现愿望。

1.对于工作耳熟能详

"希望接受这位领导的指导,想要跟随他,听从他的话绝对不会错……"若下属对领导有如此印象,则该上司肯定深受尊重。

2.保持和悦的表情

一位经常面带微笑的上司,谁都会想和他交谈。即使领导并未要求什么,下属也会主动地提供信息。若经常面带笑容,自然而然地,本身也会感到非常愉悦,身心舒畅。

3.仔细倾听下属意见

上司仔细倾听下属意见并加以采纳,使下属倍增信心和干劲。即使这位下属曾经因为其他事而受到责备,他也会毫不在意,对领导倍加关切、尊重。由于上司对下属的工作提案不论成败皆表示高度的关切,因此下属会感谢这位上司,并觉得一切的劳苦皆获得回报。

4.不强求完美

上司交代下属任务时说:"采取你认为最适当的方法。"即使下属获得的成果并不很完善,上司也能用心地为其改正缺陷。这样下属也会由衷地感到歉意,并且尊重领导。

5.公正论断

通常上司希望能够分配稍微超出能力的任务给下属,因此有能力的下属便会被分配到难度较高的工作;能力稍显不足的下属便会分配到与其能力相当的工作。若任务未能完成,则不论下属的能力优劣与否,皆须公正地论断。

6.具备包容力

上司也必须具备对下属的包容力,不能忽略给予失败的下属适当的肯定。虽然下属的工作失误了,但切勿忽略下属在工作过程中所付出的努力,并且需要给予适当的评价。

二、赞美下属的智慧

中国人不习惯赞美别人,常把对别人的赞美埋在心底,总是通过批评别人来"帮助别人成长",其实这个想法是错误的,赞美比批评带给别人的进步要更大。

把赞美运用到企业管理中,就是我们常说的"零成本激励"。其实真正的好员工都是被奖励和赞美出来的。那如何赞美下属呢?赞美下属的三大要点,具体如下图所示。

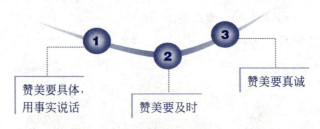

赞美下属的三大要点

1.赞美要具体,用事实说话

社会心理学家海伦曾用大量实验证明,赞美用语越具体,其有效性就越高。因为,赞美越具体,说明你对下属越了解,对方才能真正感觉到你的赞美是诚实的,而不是虚情假意的做作。

克莱斯勒公司为罗斯福总统制造了一辆汽车,因为他下肢瘫痪,不能使用普通的小汽车。一位工程师钱先生把汽车送到白宫,总统立刻对它表示了极大的兴趣,他说:"我觉得不可思议,你只要按按钮,车辆就可以开起来,驾驶毫不费力,真妙。"他的朋友和同事也在一旁欣赏汽车,总统当着大家的面夸奖道:"钱先生,真感谢你们花费时间和精力研制了这辆车,这是件了不起的事。"

总统接着欣赏了散热器、特制后视镜和特制车灯等,换句话说,他注意并提到了每一个细节,他知道克莱斯勒公司为这些细节花费了不少心思,总统坚持让他的夫人、劳工部长和他的秘书注意到这些装置,这种具体化的表扬,别人定会感觉到总统的真心实意。

2.赞美要及时

赞美是对下属工作能力、才干及其他积极因素的肯定。通过赞美,下属了解了自己工作的结果。也可以说,赞美是一种对工作结果的反馈,而这种反馈必须及时才能真正地发挥作用。

在美国,早期的福克斯公司急需一项重大的技术改造。有一天深夜,一位科学家拿了一台确能解决问题的模型闯进了总裁的办公室。总裁看到这个主意非常妙,简直难以置信,就琢磨着该怎样奖励这位科学家。他弯下腰把办公桌的大多数抽屉都翻遍了,总算找到了一样东西,于是躬身对那位科学家说:"这个给你!"他手上拿的竟是一根香蕉,而这是他当时能拿得出的唯一奖酬了。

后来,福克斯公司将香蕉演化成小小的"金香蕉"形的别针,作为该公司对科学成就的最高奖赏。由此可以看出美国福克斯公司的领导对及时表扬的重视程度。

3.赞美要真诚

虽然人人都喜欢听赞美的话,但是并非所有赞美都能取悦对方。

 案例赏析

> ## 弄巧成拙的赞美
>
> 小董听说赞美可以改善人际关系,取悦于人。于是,他见人就赞美,按理说这是件好事,但是,他每次赞美完,别人都不领情。
>
> 一天早上,他见女下属挎了一个新包来上班,于是二话不说就上去赞美了一番,这个包真漂亮,材质真好,一定挺贵吧!没想到女下属理都没理他就走了。原来,这名女下属在上班的路上,包不小心被摩托车刮了一个大口子,包里的东西撒了一地,没等她和骑摩托车的人理论,对方一溜烟儿就跑了。她穿着高跟鞋又没办法追,只好自认倒霉,但是包坏了,包里的东西还得要啊!翻遍全身只有二十几元钱,回家取钱吧,又怕迟到,只好在街边地摊上买了一个二十几元的包,款式很旧,颜色也很落伍,更别提质量了,说实话她是发自内心的不喜欢这个包,但没办法啊!她正想着凑合一天下班后就去买个自己喜欢的包,听到上司的赞美她立刻就有一种被嘲笑的感觉,恨不得找个地缝儿钻进去,所以理都没理他的上司就走了。
>
> 【点评】
> 赞美别人要说真诚的话,否则会弄巧成拙。上司只有以真诚的态度去赞美,才能唤起下属的亲切感、温暖感和信任感,从而愉快地接受赞美,并在工作中更加积极地表现自己。

三、批评下属的智慧

批评对于个人来说,是帮助他人改正缺点、自我进步的有效方法;对于领导者来说,这是改善管理的重要手段。有人说赞美如阳光,批评如雨露,两者缺一不可。那么在职场里,该怎么批评才会让下属心悦诚服、良药不苦口呢?批评下属的技巧如下图所示。

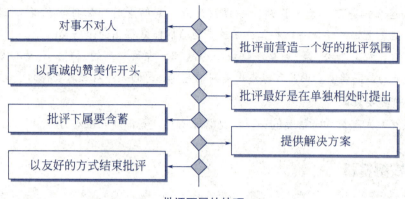

批评下属的技巧

1. 对事不对人

公司的一个骨干员工犯了错误，如果批评他，他接受不了，要辞职；如果不批评他，他还会犯同样的错误，这样两难的问题该如何解决？

一般来说，这种情况下很多管理者会选择做"老好人"——不批评，因为他们怕员工误会，甚至一气之下离开公司，结果出错的员工不知道自己错在何处，依然我行我素，其他员工慢慢地认为，只要对公司有功，就可以重复地犯错。这样一来，其他员工内心的抱怨会越来越多，给公司管理造成很坏的影响。

对于这类问题，管理者一定要批评，但批评时要做到"对事不对人"，把事情和人情分开：人是人，事是事，下属哪件事做错了，就批评哪件事。不能因为下属某件事做错了，就认为这个人如何不好，以一件事来论及整个人，把下属说得一无是处。

比如，用"从来、总是、根本、不可救药"等言词来否定下属，这是不可取的，应当避免。

2. 批评前营造一个好的批评氛围

批评下属的目的是为了帮助下属认识错误、改正错误、积极把工作做好，而不是要制服下属，更不是为了拿下属出气或显示自己的威风，所以批评下属时态度一定要诚恳，要站在对方的立场上，以关怀的态度来对待他，只有这样才不会造成紧张的气氛，下属才不会产生逆反心理。比如可以先讲点儿自己的缺点和错处，这样对方就不会有戒备和防卫心理。同时能给下属这样的心理暗示，你和他一样是犯过错误的人，这就会激起他与你的同类意识，就不会有损害面子的顾虑了。

比如，"小张，几年前，我也是做你这个职位的，我曾经也犯过同样的错误，人不是天生就有判断能力的，经历对于每个人来说都是宝贵的财富，这次的错误就全当经验教训了，但如果这件事情当时你这样做，结果就会好多了……"

> **沟通密码**
>
> 作为上司,开始先谦逊地承认自己也犯过同样的错误,在此基础上你再去批评对方,他将更容易接受你的批评。

3. 以真诚的赞美作开头

俗话说"尺有所短,寸有所长"。一个人犯了错误,并不等于他一无是处。不管你要批评下属什么,都必须先找出下属的长处来赞美,批评前和批评后都要这么做,这就是我们常说的"三明治策略",夹在大赞美中的小批评。

像刚才的例子,在开始时可以加上"小张,你来公司一年零五个月了吧,你的表现一直很优秀,去年'年终比武'还拿了全公司第一名,你可是咱们公司难得的人才啊……"然后再接:"几年前,我也是做你这个职位的,我曾经也犯过同样的错误,人不是天生就有判断能力的,经历对于每个人来讲都是宝贵的财富,这次的错误就全当经验教训了,但如果这件事情当时你这样做,结果就会好多了……"

因此,批评前必须略微地给予赞美,根据心理学研究表明,被批评的人最主要的心理障碍是担心批评会伤害自己的面子,损害自己的利益,因此在批评之前帮他打消这个顾虑,甚至让下属觉得你认为他功大于过,那么他就会主动放弃心理上的抵抗,对你的批评也就更易于接受。事实证明,这种批评方法是非常有效的。

4. 批评最好是在单独相处时提出

管理人员最好是在单独相处时批评下属,这样才能更好地达到批评的目的。

美国玫琳·凯化妆品公司董事长玫琳·凯在批评人时,绝不坐在办公桌后面与对方谈话,她认为办公桌是一个有形的障碍,办公桌代表权威,给人以居高临下之感,不利于交流和沟通,她总是邀对方坐在沙发上,在比较轻松的环境中进行讨论。

玫琳·凯要批评一个人时,总是单独与被批评者面谈,而绝不在第三者面前指责。她认为,在第三者面前责备某个人,不仅打击士气,同时也显示了批评者的极端冷酷。她说"一个管理人员在第三者面前责备某个员工的行为,是绝对不可原谅的,尤其是不能当着他所熟悉的人的面批评"。比如,你在客人面前批评你的下属,不论你说得是否在理,他都会感到在客人面前大大地丢了面子,下属会认为你是故意出他的丑使他难堪,从而会引起下属公开对抗,许多争吵对骂往往都是由于批评的场合不对而引起的。

5. 批评下属要含蓄

我们说忠言之所以逆耳,主要是因为方式不对。

战国时期的齐景公,喜好狩猎,酷爱饲养能够捕捉野兔的老鹰。一天,烛邹不小心让一只老鹰飞跑了，齐景公大发雷霆，命令将烛邹推出去斩首。晏子获悉此事，急忙上殿奏禀齐景公："烛邹有三大罪状，哪能这么轻易就杀了？待我公布完他的罪状后再处死吧！"齐景公点头同意。晏子指着烛邹说道："烛邹，你为大王养鹰，却让鹰飞了，这是你的第一条罪状；你使得大王为了鸟的缘故而杀人，这是你的第二条罪状；把你杀了会让天下人认为大王重鸟轻人，这是你的第三条罪状。好啦！大王，请处死他吧。"齐景公满脸通红，半晌才说："不杀他了，我明白你的话了。"晏子含蓄委婉的批评方式既没有使君王难堪，又替烛邹说了情，这种曲径通幽的方式值得我们借鉴。

6. 提供解决方案

我们批评下属，并不是批评下属本人，而是批评下属的错误行为。所以，为了让批评最终达到理想的效果，不仅要让下属有认错的态度，还要协助下属拿出改进的方案，这样才能让批评达到想要的效果。

如某管理者对下属说："小张，你来公司一年零五个月了吧，你的表现一直很优秀，去年'年终比武'还拿了全公司第一名，你可是咱们公司难得的人才啊……几年前，我也是做你这个职位的，我曾经也犯过同样的错误，人不是天生就有判断能力的，经历对于每个人来讲都是宝贵的财富，这次的错误就全当经验教训了。不过，如果这件事情当时你这样做，你把机器维修好后，先清理维修现场，把不相关的工具归位，放到工具箱里，就不会造成扳手滑落到印刷机上，造成滚筒划痕了。"

这样的沟通，不但告知下属错在什么地方，而且告诉他具体的解决方案，这样下属就更容易接受批评。

7. 以友好的方式结束批评

正面地批评下属，下属或多或少会有一定的压力。如果一次批评弄得不欢而散，就会增加下属的精神负担，使其产生消极情绪，为以后的工作或沟通带来障碍。因此，每次的批评都应尽量在友好的气氛中结束，这样才能彻底解决问题。

在批评结束时，可以对下属表示鼓励，提出充满感情的希望，这样会帮助下属打消顾虑，增强改正错误、做好工作的信心。

比如，分手时可以这样说"我相信你一定会做得更好"，并报以微笑，而不是以今后不许再犯，再犯了怎样怎样作为警告。

沟通密码

批评性谈话，在结束前把话往回拉一拉，鼓励一番，放松一下，这是必要的，这种具有感情色彩的客观评价，往往能温热被批评者的心，使他们真心实意地接受教训。

第三节 如何跨部门沟通

一、部门墙是客观存在的

部门墙看不到摸不着,但它是客观存在的。平级沟通是企业沟通中最难的一种沟通形式,那么,究竟难在哪里呢?

首先,部门内沟通,是运用权力进行沟通,强制下属执行,从而掩盖了沟通过程中的许多问题。平级沟通没有权力这个"尚方宝剑",所以相比之下难了许多。

另外,部门间存在着目标和利益的冲突:如财务部门控制成本,而研发部门、营销部门是花钱的部门,这些问题,都会造成自然的冲突。

此外,不同部门人员的性格有差异:一般来说,从事的工作不同,从业人员的性格也会有些差异,比如研发部门的人员比较理性一些,销售部门的人员比较灵活一些,财务部门的人员比较刻板一些,这种性质上的差异,也给沟通带来了障碍。

二、沟通前做好准备

千里之行始于足下,成功总会降临给那些有所准备的人,如果你没有为成功做准备,那你只能准备失败了。沟通也是一样,在平级沟通过程中,要保证沟通效果,就必须在沟通前做好下图所示的三项准备。

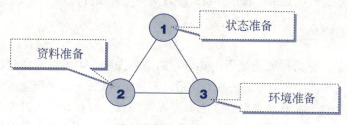

沟通前需要准备的事项

1.状态准备

状态准备包括两项内容,即身体状态和心理状态。

(1)身体状态 你不能在身体状态不好的时候找人沟通,比如你感冒流着鼻涕去找人沟通,你一边儿和人沟通,一边儿擦着鼻涕,别人可能会担心"千万别传染给我,我不想感冒!"人家即使出于礼貌与你沟通,但心里总是不舒服的,总会盼着沟通早点结束。

(2)心理状态 沟通时要乐观、自信,给人一个健康、积极的状态。你去找人家沟通时垂头丧气、横眉立目，像人家欠你钱不还一样，弄得人家心情也不好，沟通就很难达成共识。

> **沟通密码**
>
> 不好的状态就像羊群中的瘟疫，是会传染给别人的；好的状态就像清晨的阳光，会让人心情舒畅，沟通也自然顺畅。

2. 资料准备

如项目资料、推动方案、数据表格等。很多人沟通前不喜欢或者说懒得准备资料，片面地认为沟通就是靠嘴去说服对方，把话说清楚就行了。当真正进入沟通阶段才发现，他要讲的内容讲不清楚，没有具有说服力的数据材料做支撑，自己的观点变得苍白无力，使沟通深陷被动；还有的人在沟通过程中跑回去取材料，这显然是没有为沟通做好充分准备。

3. 环境准备

大家千万不要小看环境的力量，一袋咖啡在超市里卖几元钱，但在咖啡馆里却要卖到几十元钱，这就是环境的力量。你要辞退一名员工，你会选择在哪里和他谈，办公室还是西餐厅？前者的效果一定没有后者好，为什么？前者的环境太正式了，人的情绪容易紧张，会让人感觉自己是犯了什么大错误才被辞退的；在西餐厅里听着悠扬的音乐，喝上一杯咖啡，你和他讲公司现在经营状况的需要，一般人都会理解的，甚至会表示只要公司有需要，他还会优先考虑支持公司发展。

三、到位不错位

在沟通前，你必须要清楚所沟通事项的来龙去脉，了解得越清楚、越细致越好，然后确定你的沟通对象——找谁沟通，但需要注意的是：一定要到位不错位。

在一个会议上，总经理批评了人力资源部经理。为什么呢？因为销售部经理在路上对总经理说了这样一句话："张总，你看，这个人力资源部现在真的不知道怎么弄的，活越干越差了，前两年招的人还像点样儿，这两年招的人，来了都不好好干活，你还让我出业绩，我告诉你我做不到。"

然后总经理在会上发火，"我们现在人员的招聘成了大问题，招聘来的人员素质越来越差了……"

话一出口，试想，如果你是这家公司的人力资源部经理，说句公道话，心里肯定不是滋味……

但是这个问题有没有更好的解决方法呢？可不可以不直接"往上走"，直接去找人力资源部经理呢？完全可以，你找到人力资源部经理和他平心静气地讲：

"你看,不知道是哪里出了问题,是我用人的标准没跟你说清楚?还是现在人不好招?上个月我看了,六个新人中有两个还行,但那四个好像不太行,你看咱们商量一下该怎么处理……"

这样处理要比直接"往上走"效果要好得多,也不会激化部门间的矛盾,因此我们在解决一件事情之前,一定要问自己一句话:找谁沟通最好?怎么沟通才能解决问题?然后去找对的人。

四、沟通从聊天开始

为什么说平级沟通要从聊天开始呢?目的就是要拉近彼此的心理距离,营造良好的沟通氛围。

比如,你去找一个部门经理泄愤,一进门就直奔主题。

"老李,你看你,昨天怎么能在会上直接说我呢?明摆着不给我面子!管理有问题你告诉我,我改不就完了嘛!真不够哥们意思!"你看你直奔主题了。李经理在那里要么低头,要么不好意思,气氛变得很尴尬。

但是你可以通过几句聊天来化解一下。

"老李,听说你老妈过来了,现在在这边气候还习惯吗?哪天我请她老人家吃个饭!"

然后再换个话题。

"老李,你看你,昨天怎么能在会上直接说我呢?明摆着不给我面子,管理有问题你告诉我,我改不就完了嘛!真不够哥们意思!"

这样感觉就完全不一样了。

> **沟通密码**
>
> 如果检验一个人的沟通能力,一定要检验他是不是有闲聊的能力,但需要注意的是闲聊也是有度的,一般也就是一两分钟的事,不能聊得太久。

五、与平级沟通最好亲自出马

在平级沟通过程中,你需要和一个主管就某件事进行沟通,此时你最好亲自出马,而不是让你的下属去。

年底将至,王总需要财务报表作参考数据,来完善明年的市场开发计划,他告诉秘书小柳去向吴总要财务报表。于是,秘书小柳来到吴总办公室:"吴总,您好,我是王总的秘书小柳,王总让我告诉您,本年度的财务报表请您尽快做,王总等着看呢!"

说完小柳转身走了，吴总心里这个别扭啊！自言自语道："咱俩是一个级别的，我主管财务，你主管市场，凭什么你让你的秘书来指使我，太狂了。"自此以后，财务报表是一拖再拖，用吴总的话说，每个财年的最后一个月才出财务报表，现在是10月底，等12月份再说吧。最后没有办法，在总裁出面下，王总终于要到了财务报表，不但耽误了工作进度，同时与吴总的"梁子"也就此结下了。

六、确定沟通协调的目标，共同努力

目标一致、齐心协力就容易成事。在平级沟通过程中，首先要确定沟通协调的目标，然后共同努力。

案例赏析

良好沟通渡难关

一家报社刚刚推出周刊，最近总是面临工期紧张、不能按时出版的困境。最后，编辑部主任决定解决这个难题，并亲自找到了设计部主管，诚恳地说道："严经理，现在这个问题，我觉得我们有必要商量一下，共同寻找一些方法，保证报纸如期出版，你说呢？"

严经理认同地说："我也早就想和你商量了，编辑部的交稿时间能不能提前呢，现在都是每周五交稿，周六和周日大家休息，周二就要印刷，时间上根本来不及，想个什么办法呢？"编辑部主任说："我有一个想法，编辑部的采稿大部分是根据客户和读者的时间走的，所以从周一采稿到周三基本结束，编辑部最早能将交稿的日期提到周四，这样周四就可以开始设计了，如果设计过程能够调整一下休息的时间，周六和周日不休息，改为周二和周三休息的话，我想保证工期应该没有问题，你看呢？"

严经理："我看这倒是一个办法，但是调休是一件大事，需要和行政部门及总编商量，我看我们下午找一下总编，如果他同意的话，我这边没有问题，员工的工作我来做。"下午，他们俩找到了总编，说明了问题，总编表态，只要能够保证工作，修改一下流程和时间没有问题，从此周刊出版再也没有耽误过一天。

【点评】

报纸是一种必须要按期出版的产品，生产环节中最重要的就是编辑部和设计部，一个负责内容的采集和编写，另一个负责报纸的设计制作。从以上案例我们可以悟出，在团队合作中良好的沟通协调会起到举足轻重的作用。"鹰的时代"已经过去，"雁的时代"已经来临，没有完美的个人，只有完美的团队。

七、用高度穿越部门墙

各部门之间有一道无形之墙,看不到摸不着,但它是客观存在的。

比如,公司现在要选一名年度优秀员工,你是某部门最高负责人,你会选哪位?你心里马上会想:我部门的小李啊!他跟了我这么多年,一直非常辛苦,每天都加班到晚上9时以后才下班,总经理也在会上多次表扬过他。但站在全公司的角度发觉研发部的小张更优秀,给公司研发出好几款新产品,销售额增加了两个多亿,大客户增加了二十几个。说真心话,你心里想选哪一个?

如果有人问:"在现在的公司里你认为哪个部门最辛苦?"大家的答案肯定是"我的部门最辛苦。"既然认为自己的部门最辛苦,那当某些问题出现的时候,一定是站在自己部门利益的角度来考虑问题,部门墙便浮出水面了。

那部门墙能不能"砸碎"呢?其实不用"砸",部门墙之所以能阻挡我们眼前的风景,是因为我们的高度还不够,只要我们的高度够了,部门墙只不过是个摆设。这里所说的高度,就是要提高我们每位管理者的思想境界,像总经理一样思考,用全局性、长远性和系统性思维去思考公司的发展问题。

1. 全局性思维

那什么是全局性思维呢?

明朝开国战略是由一名叫朱升的江南大儒提出来的。当时朱元璋攻下富裕的江南,元朝内部虽然明争暗斗,但是仍然兵力强盛,朱升认为:江南富裕可以作为长期战争的物资兵力储备,在任何时候都应该作为核心根据地,积极发展生产,所以应"高筑墙",以防止敌人进攻。虽然江南富裕但仍然要"广积粮",这有利于扩大兵力,支持长期战争。

"缓称王"属于对外策略,因为元朝剩余势力依然强大,如果早称王会直接威胁到元朝剩余势力,也会引起其他势力的注意,增加了统一中国的难度。

应该说朱升的战略思想就是具有全局性的,它既注重战略的过程性,注重自身优势的积累与增强,又注重通过减少外部敌人的反抗来削弱敌人,所以顺利地实现了统一中国的目标,这就是所谓的全局性。正所谓"不谋万世者,不足谋一时;不谋全局者,不足谋一域"。一家企业就似一盘棋,每个棋子都有它的作用,我们只有集中优势,将拳头攥紧,打出去才有力量。

2. 长远性思维

那什么又是长远性思维呢?

20世纪80年代东芝在中国的广告是用童声做的,大家还有印象吗?当时很多人不理解!因为东芝是做电器的,一般电器的消费群体主要是有购买力的中年人,用一个小孩子的声音去说服中年人购买,是不符合逻辑的。

后来东芝解释说：中国现在还很穷，现在的中国人还买不起我们东芝的产品，等现在的小孩长大了，他们就买得起了！东芝要打入中国市场，抢占人们的心智模式竟从小孩抓起，一准备就是20年，不能说考虑得不长远。

在德国你购买一辆奔驰汽车的同时还会得到一辆"小奔驰"，大家不要误会，是奔驰汽车模型。当你回家后你会将奔驰汽车的模型送给谁呢？没错，你的孩子。你的孩子平时玩奔驰汽车模型，偶尔也坐你的奔驰，小时候玩的是玩具，大了以后就要"玩真的"了，他就成了奔驰汽车的潜在客户，一般来说父亲买得起奔驰汽车，其孩子一般也买得起。

奔驰汽车挖掘潜在客户，不可谓用心不良苦，人无远虑必有近忧，机会总是降临给那些有准备的人，只有谋划长远才能在将来激烈的市场竞争中赢得先机。

3.系统性思维

那什么又是系统性思维呢？

从前，有一个海岛，岛上有很多沉积了多年的大颗珍珠，都非常昂贵，可谁也无法接近这个海岛，只有栖息在海岸的海鸟能往来于这个岛与海岸之间。很多人慕名而来，带有枪支弹药，捕杀飞回岸边的海鸟。因为这种海鸟每天白天都会飞到岛上去吃光如明月的珍珠。后来来了一个很有智慧的商人，他在海岸附近买下大片树林，并在树林周围围上栅栏，不让闲杂人走进他的林子。同时，他告诫他的仆人，不许在树林里捕捉和驱赶海鸟，更不许放枪惊吓海鸟。

于是，当海岸其他地方的枪声一响，就会有海鸟惊慌失措地闯进他的树林。时间一长，海鸟渐渐地都留在他的树林里栖息。这时，他开始用各种粮食和果实做味道鲜美的食物，撒给这些海鸟吃。海鸟贪吃美味食物，吃的十分饱，就把肚子里的珍珠吐出来。日复一日，这个商人最终成为亿万富翁。

故事中的商人就是一个有系统性思维的人。他不是头痛医头，脚痛医脚，而是系统地思考，找到问题真正的症结，有步骤、有效地解决问题。

当我们的思想境界提高到了一定的高度，像总经理一样思考，从企业的全局、长远出发，用系统性思维考虑问题时，你还会为选优秀员工的事而"心怀鬼胎"吗？绝对不会，因为部门墙已经没有办法阻止我们眼前的风景，你会毫不犹豫地选全公司最优秀的员工。你还会认为全公司唯有自己的部门最辛苦吗？绝对不会，你会说公司每个部门都很辛苦，因为你懂得了换位思考。你还会在团队合作中貌合神离、钩心斗角吗？绝对不会，因为你明白了"鹰的时代"已经过去，"雁的时代"已经来临，没有优秀的个人，只有优秀的团队，一个人再强也是一只"小绵羊"，只有一个团队强，那才是真的强。

你的境界提高了，随之发生变化的是你的心态，你不再单纯地认为自己只是员工，你已经把企业当成了自己的家，你真正变成了企业的主人。上司是"搭台的"，你是"唱戏的"，上司投资的是"硬件"，你投资的是"软件"，你们是战略合作伙伴，你真正明白了：只有大家齐心协力，才能开动企业的大船，抵达成功的彼岸。

第四节　如何与客户沟通

一、明确自己与客户的关系

在与客户沟通时，首先需要明确自己与客户是什么关系？这样才能为沟通做好各项准备工作。

1.公平合理是首要保证

企业与客户的关系（包括成交和未成交的客户）：企业与客户在交换和分配的过程中，两者要同时接受利益分配；客户向企业投入货币（购买券等），企业向客户分配结果（商品、劳务、服务）。企业与客户各自付出和获得的比例相等，则交易是公平的；反之则是不公平的。

2.完善的服务

完善的服务，包括提供最优质的产品以及最优秀的服务，及时解决客户的需求，最大限度地满足客户的需要。

二、如何改善与客户的沟通

企业与客户的关系好坏关系到企业经营目标能否实现的问题，因此必须注重改善两者之间的关系，并采取一系列切实可行的措施。

1.制定切实可行的规章制度

（1）事前，要制定出接待客户的具体方式、方法。

（2）事中，在企业员工与客户交往的过程，员工的态度代表企业的形象，要有礼貌、热情、耐心，使客户满意。遇到特别挑剔的客户，也要努力安抚和耐心解释，切不可发脾气，以免把事情弄到不可收拾的地步。

（3）事后，当企业与客户交往之后，要反馈客户对企业的态度和客户对企业产品、服务的意见，同时不可忽视售后服务。通过良好的售后服务争取客户的信任感。

2.收集客户的信息

客户只是一个总体的概念，它是由各个不同的客户群所综合的。不同的客户对产品的看法有一定的差别。他们对产品的性能、质量、颜色、样式、包装、价格的评价以及要求不同。这些信息通常由企业公共关系人员及时地从客户中获得，并加以分类、归纳，从而成为企业生产、经营和决策的原始材料及依据。

3.强化客户对企业的了解

客户对企业生产、经营往往是不够了解的，这就需要企业通过各种有效的传播手段和服务项目向客户介绍，阐述企业的发展历程、经营项目、营业状况、产品性能规格及销售方式、售后服务的具体标准和方式等。这些信息应迅速、准确地输送给客户，争取客户的支持和信任。

4.尊重客户的权益

客户应该拥有的权利，有以下几个方面。

（1）有权不买不喜欢的产品。

（2）有权挑选商品的式样、颜色、种类和规格。

（3）有权了解商品的制造、使用和维修方面的知识或信息。

（4）有权对商品的质量、款式、性能、价格提出自己的看法和建议。

（5）当使用不良商品受到人身伤害时，有权要求得到补偿。

客户的以上权利都是正当的，但在现实生活中，客户的这些权利往往不被尊重，造成企业与客户之间难以沟通和相互信任。

因此，企业若想同消费者建立并维持一个良好的相互关系，就必须主动地、尽可能全面地尊重消费者的权利，维护消费者的利益。只有在消费者感到自己的权利得到企业的尊重的情况下，才会对企业表示信任和好感。

三、怎样与不同类型的客户沟通

我们与客户沟通没有一个固定的模式，不同类型的客户处理同一件事情会有迥然不同的态度和做法。分析不同类型客户的特点，采取有针对性的策略，可使沟通更加有效。

1.忠厚老实型

这类客户对待每件事都很实在，但对别人有一种本能的防御心理，对于交易也是如此，所以这类客户一般都比较犹豫不决，没有主见，但也不会断然加以拒绝。这类客户多疑，一般来说很难取得他们的信任，但他们一旦信任你了，就会把一切都交给你。他们特别忠厚，你对他怎样，他也会对你怎样，甚至还会超过你。

对待这类客户要尽量亲切一些，不要欺骗他们，这样在保证信誉良好的同时，也增加了自己利益的砝码。

2.自傲型

这类客户都爱夸夸其谈，喜欢吹牛，认为自己什么都懂，别人还没说出自己的观点，他就打断别人说："我知道。"这类客户一般令人讨厌，但你万万不能在他们面前表露出自己真实的想法。

不过，这类客户有一个最大的优点，那就是毫不遮掩，有什么就说什么，你如果想探询什么消息，就找这类客户，他们一定会炫耀似地说给你听，并且知无不言，言无不尽。

3.好夸耀财富型

这类客户与自傲型类似，只不过他炫耀的是自己的财富。这类客户有两种类型：一种是真正有钱；另一种则不是，他们只不过崇拜金钱而已。

第一类客户有钱，但不希望别人奉承他们，他们的主要目的是拥有一个品质好、包装好的名牌商品。所以对这类客户，要诚恳地把商品的优点告诉他们，并且对他们的财富怀着一种不在乎的神情。这样客户会对你这种神情产生好奇，然后在好奇的基础上，加快销售的步伐，这样交易成功率就增大了。对于第二类客户，你就必须奉承、恭维他们，使他们知道销售员非常羡慕他们，满足其虚荣心。

4.精明严肃型

这类客户都比较精明，并且都有一定的知识水准，文化素质比较高，能够全面地思考问题，沉着地应对。他们能从对方的言行举止中发现问题。他们就像一个专业的观众在看戏一样，演员稍有一丝失误都逃不过他们的眼睛，这类客户总会给人一种压迫感。这类客户讨厌虚伪和造作，他们希望有人能够了解他们。

应对这类客户有两种方法：一是脚踏实地，对其表现出真诚、热心，不但商品品质好，你本身的表现也应不卑不亢，温文尔雅，使之无话可说；二是在某一方面与之产生共鸣，使彼此成为知己。

5.孩子气型

这类客户像孩子似的，见到陌生人心里就犯嘀咕，他们很怕别人打量他。别人一看他，他就显得不知所措。不过，这类客户一旦与你熟悉以后，胆子就会增大，就会把你当朋友看待，有时还想依赖你。

对这类客户，首先要给他一个好的第一印象，这样他虽然有些"神经质"，但对你却很信任，然后再细心地观察他，不时称赞他的一些优点，照顾他的面子，他会对你更信任，这样双方就能建立起友谊。你可以坦率地把自己的情况、私事都告诉他，让他多多了解你，使他和你的关系更亲近，这时他就可能谈自己的事情了，但你千万别问，否则他就会显得尴尬。更不要在谈论自己之前谈他的事，这样他会更"神经质"，而且也不会告诉你的。

6.沉默寡言的客户

这类客户不爱说话，但颇有心计，做事非常细心，并且对自己的事很有主见，不为他人的言语所左右，涉及他的切身利益时更是如此。他们表面看起来都很冷漠，对一切都不在乎，使人难以接近。其实他们的内心都是火热的，你只要能点燃他们内心的"那把火",他们会把一切都交给你。应对这类客户,千万别运用那些施压、紧逼、追问等沟通方法,这样对他们一点儿用也没有,只会令他们对你产生厌恶心理。

7.外向干练型

这类客户办事干练、细心,而且性格开朗,相对来说比较容易沟通。这种类型的人做事都会给自己留一条后路,并且说话干脆。他们做事前就已经想好了怎么做,他们会很坦率地把自己的相反意见说出来。应对这类客户,只要以热烈、诚恳的态度与他交谈,多与他亲近,自然就会消除隔阂。

8.古板热心型

这类客户对任何人都很有礼貌,对任何人都很热心,对任何人都没有偏见。他们与人交谈时总是洗耳恭听,从不插嘴,他们比较拘泥于各种形式,有时看起来有点"痴",但绝不能伤害他们的自尊心。

这类客户对于别人的夸夸其谈或真才实学都比较羡慕,从来不知道欺骗,也不计较,总以为别人欺骗他是不得已的。但这类客户对于强硬态度则比较反感,他们也不喜欢别人阿谀奉承他们,他们特别看重那些彬彬有礼的知识分子,羡慕他们,并模仿他们。他们对于勤劳的人、诚恳的人也特别尊敬。对于这类客户,只要表现出自己的热情、真诚,就可以把他们吸引住,对于他们要彬彬有礼,并对自己充满自信。

9.狡诈多疑型

这类客户生性比较多疑,可能因为被人欺骗过。他们对任何事情都抱怀疑心理。这种人在家庭中、工作中活得比较忧郁,很少有朋友。应对这类客户关键就在于消除他的多疑,以亲切、热诚的态度与他进行交流,不要与他争辩,尽量做出与他交朋友的姿态,并且仔细观察他,研究他的心理变化,要随着他的心理变化而改变说话策略,这样就容易达到沟通目的。

四、开场寒暄并不"闲"

开场的寒暄,一方面能够为双方建立良好的关系铺路;另一方面能够了解对方的特点、态度和意图。

因此,在这个阶段,必须十分谨慎地对所获得的对方印象加以分析。在这个阶段中,能够很快地掌握对方洽谈人员两个方面的信息,即谈判经验和技巧、谈判作风。

如果他在寒暄时不能应付自如,或者突然单刀直入地谈起生意来,那么可以断定,他是谈判生手。对方的谈判作风,同样可以在开场阶段的发言中反映出来。

在谈判开始时,若所采取的是与对方"谋求一致"的方针,这时就应该引导对方与自己协调合作，并进一步给对方机会，使他们能够适应自己的方针，同时，自己也应该有更充裕的时间和机会，把对方的反应判断清楚。这时，施展技巧的目的是努力避开锋芒，使双方走向合作。不间断地讨论一些非业务性话题，并更加地关注对方的利益。以下是开场对话：

"欢迎你，见到你真高兴！"

"我也十分高兴前来这里，近来生意如何？"

"这笔买卖对你我都很重要，但首先我对你的平安抵达表示祝贺，旅途愉快吗？"

"这个问题也是我们这次要讨论的，在途中饮食怎么样？来点咖啡好吗？"

这并不是一个漫无边际的闲扯，虽然表面上它与将要谈判的问题不相干。但是，如果对方在这段谈话之后，仍坚持提出他的问题，就可以认为"黄灯"有变为"红灯"的危险。如果能够接受这种轻松的聊天，虽然这并不能改变"黄灯"仍然亮着的事实，但它告诉你它有转为"绿灯"的可能。

相关链接

与外国客户沟通时的禁忌

随着经济的不断发展，与外国客户打交道的机会越来越频繁，在正式的沟通场合，对服饰有一定的要求。我国服装没有礼服、便服之分，但一般比较正式的场合，男士可穿上不同色同质的毛料中山装或西装，配黑皮鞋。女士应按季节和活动性质的不同穿西装（下身为西裤或裙子）。任何服装均应注意清洁、整齐、挺直，衣服要熨平整，裤子应熨裤线，衣领和袖口要干净，皮鞋要上油擦亮。进入室内场所应摘帽，脱掉大衣、风雨衣等，存放在衣帽间或专门的存衣处。男士任何时候都不能在室内戴帽子、手套和墨镜。

不同国家、不同地区的人们在长期的日常生活中形成了自己独特的礼仪和习俗，应当了解、熟悉。

1.美国

一般来说，美国人很殷勤好客，不拘礼节，美国客户在谈判、会议等正式沟通过程中，没有什么客套应酬，打过招呼后马上就谈正事。他们也喜欢边吃饭边谈话，精于使用谋略去谋取利益。洽谈活动一般在吃早餐时就可开始，一起吃早餐是沟通的好时机。

美国女性跻身政界、商界的很多，有些女性还担任很高的职务，她们不喜欢别人把她们当作"花瓶"，和美国女性沟通时最好的办法是暂时忘掉她们的性别，像对待美国男士那样来对待她们。

2. 英国

与英国人沟通要注意三忌：一是忌戴条纹的领带，因为这种领带与军队或学生校服的领带相同，会引来麻烦；二忌以皇室的家事作为谈笑的资料，这会引起英国人的不快；三忌直称"英国人"，因为"英国人"的原意是英格兰人，而客户可能是爱尔兰人或威尔士人，因此要使所有的英国人都满意，最好称"大不列颠人"。

英国人的沟通风格与美国人刻意追求物质利益相反，讲究"绅士风度"，为人和善友好，对建设性意见反应积极。

3. 德国

德国人很注重形式，衣着很讲究，不像美国人那样随意。也很看重头衔，对有头衔的客户，一定要称呼他的头衔，如"××博士""××总裁"等，德国人在沟通时考虑问题十分周到、系统，准备工作非常充分、仔细，陈述清楚，态度坚决，不太热衷于让步，有时缺乏灵活性。

4. 法国

法国人在沟通过程中通常坚持使用母语——法语，并具有坚定的立场。虽然热情好客，但不喜欢谈论个人和家庭私事以及生产秘密，沟通时应避免涉及这些方面的话题。

5. 日本

与日本人沟通时，同样要注意对方的身份，即使副职人员是主要沟通对象，但只要正职人员在场，就千万不要撇开正职人员。

6. 韩国

韩国年轻人很多精通英语，上了年纪的人则有些精通汉语。韩国人很重视沟通对象的印象，如果你尊重他们的生活方式，将会得到他们的好感。吃饭时不宜交谈，不能随便发出声音，否则将被视为失礼。交谈中，不宜多谈当地政治，而应多谈韩国的文化艺术，因为韩国人多以自己国家的文化艺术为荣。

7. 拉美地区

拉美地区主要指阿根廷、智利、巴西、墨西哥、玻利维亚、哥伦比亚等国家。在拉美地区，人们初次见面一般都要交换名片。部分拉美人是西班牙人和美洲印第安人的混血后裔，第一次与他们交往，就要分辨对方是西班牙型的人，还是印第安型的人，然后再根据他们的不同风俗习惯与他们进行沟通交往。

拉美人一般热情好客，进餐时有敬酒的习惯，与人交谈时喜欢与对方凑得较近。拉美人工作比较随意，正式会谈迟到二三十分钟的事时有发生。

五、获取客户好感有技巧

怎样获取客户好感,从而赢得客户信任,进一步实现沟通,这是需要一定技巧的。

1.给客户展示良好的外观形象

人的外观会给人暗示的效果,因此,你要尽量使自己的外观给初次会面的客户一个好印象。一个人面部的眼、鼻、嘴及头发都会带给人深刻的印象,虽然每个人的长相是天生的,但是你可以对自己的不足进行相当程度的修饰。例如有些人的眼神冷峻或双目大小不一,都会给人较不愉悦的观感。此时,他们可以利用眼镜把这些不好的地方"修饰"好。洁白的牙齿能给人开朗纯净的好感,而头发散乱、不整理,则会让人感到落魄,不值委以重任。

其他如穿着打扮都是影响第一印象好坏的主要因素,一个连穿着都不在意,随随便便的人,怎么能获得别人的信任呢?或许有些人认为这些都是小节,觉得自己超强的专业知识能给客户带来最大的利益,客户应该重视的是在这里,不可以貌取人。

2.记住并常说出客户的名字

名字的魅力非常奇妙,每个人都希望别人重视自己,重视别人的名字,就如同看重他一样。

了解客户名字的魔力,能让你不付出就能获得别人的好感,千万不要疏忽了它,业务代表在面对客户时,若能经常、流利、不断地以尊重的方式称呼客户的名字,客户对你的好感,也将越来越浓。

3.让你的客户有优越感

让人产生优越感最有效的方法是对于他自傲的事情加以赞美。若是客户讲究穿着,你可向他请教如何搭配衣服;若客户是知名公司的员工,你可表示羡慕他能在这么好的公司上班。

有一位爱普生公司的业务代表,每天约见客户时的第一句话就是:"你的公司环境真好,能在这里上班的一定都是很优秀的人才。"

通过一句简单的赞扬,一下子就拉近了和客户的距离,客户的优越感被满足。初次见面的警戒心也自然消失了,彼此间距离的拉近,能让双方的好感向前迈进一大步。

4.替客户解决问题

你在与准客户见面前,若能事先知道客户面临哪些问题,有哪些因素困扰着他,你若能以关切的态度站在客户的立场上表达你对客户的关心,让客户能感受到你愿意与他共同解决问题,他必定会对你立刻产生好感。

5. 自己保持快乐开朗

快乐是会传染的，没有一个人会对一位终日愁眉苦脸、深锁眉梢的人产生好感。能以微笑迎人，能让别人也产生愉快情绪的人，也是最容易争取别人好感的人。因此，每日需要修炼的课程之一，就是对着镜子笑上一分钟，使自己的笑容变得亲切、自然。同时对自己说：我很自信，我很快乐，我要成为顶级推销员。通过这样一种自我沟通、自我暗示的方法，先让自己愉悦起来，再用这份愉悦和活力去感染他人，这样就为你和准客户的沟通奠定了良好的基础。

6. 利用小赠品赢得准客户的好感

你应该让你的客户觉得你不是来签合约的业务代表，而是来进行业务宣传、沟通彼此关系的使者。事实上，许多国际性的知名大公司都备有可以配合本公司CIS（Corporate Identity System）形象策划宣传的小赠品，如印有公司办公大厦的小台历，印有公司标志的茶杯、签字笔等，供业务代表初次拜访客户时赠送给客户。

> **沟通密码**
>
> 小赠品的价值不高，却能发挥很大的效力，不管拿到赠品的客户喜欢与否，相信每个人受到别人尊重时，内心的好感必然会油然而生。

六、与客户顺利进行沟通的方法

销售代表在与客户沟通的过程中，要保证整个沟通过程顺利进行，必须掌握以下八种常用的沟通方法。

1. 充满信心

任何有心沟通的人，都希望他的沟通对手是个举足轻重的人物。使对手认为你是有决策力的人，最直接的方法便是一见面就告诉他"你可以问我任何问题"。如果你在对方面前处处显得紧张，不是一直抽烟，就是不断干咳，对方必定会怀疑你们之间的沟通效果。因此，面对每一个沟通场合，一定要充满信心。

2. 对沟通对手的专长与能力表示认知

大多数人都对自己的才能引以为荣。向你的沟通对手表示你认知他的能力，并寄望他有所表现："我知道你善于处理棘手状况，并相信我可以依赖你。"相信他一定不愿意让你失望的。

3. 以肯定的语气，谈论对手的问题

当对手正在为某个问题烦恼，而你正好能够帮他忙时，一句"我相信我们的专家能提供对贵公司问题有帮助的建议。"必能使他宽慰不已，立刻表现出合作的态度，而你的沟通力也大大增强了。

4. 委婉地透露坏消息

要向人透露坏消息，也需要一点儿技巧。老师在公布成绩以前，总是先透露有多少人不及格，以使考得不好的同学预先做好心理准备。同样，在向客户透露涨价或其他坏消息时，先告诉他"恐怕是坏消息喔"，也能收到相同的效果。人对某件事的发生预先有心理准备时，总是较容易接受的。

5. 强调沟通双方相同的处境

说服沟通对手的技巧之一，就是强调双方的相同点，使其产生认同感，进而达成协议。一个卖主告诉老客户产品涨价的最常见理由就是"我们的成本也上涨了"，以使客户觉得他的对手和他一样，正面临着涨价的处境。这时候买主再不愿意，也只好接受涨价的必然结果了。

6. 向谈判对手略施压力

为了促使沟通对手尽快下决定，略施压力有时也是值得考虑的手段。例如，聪明的卖主都知道，订出"最后期限"，能够刺激原本无心购买或犹豫不决的买主。一句"除非你在2月就下订单，否则我们无法在4月交货"，或者"特价的有效期限到5月30日"，都能使潜在的买主迅速地在心里盘算一番！

7. 不要幸灾乐祸

当你以前曾警告过对手的事不幸而言中时，用不着再来提醒他"我早告诉过你吧"，这种话对你们的沟通没有帮助，却只有使听者更加反感。

8. 保留对手的面子

要使沟通彻底地失败，最好的办法就是使你的沟通对手颜面尽失。可是，这不是你所要的结果吧？因为如此一来，沟通不但要破裂，也会招来对手的怨恨。虽然你重重地打击了对手，自己却也成了失败的沟通者。

因此向对手提出质疑时，要确定将重点指向事件本身，而不是对手身上："您的经营观点和我不同。"有时候，你甚至可以将责任归咎于不在场的第三者身上，而不是直接推给沟通对手："一定是有人把错误的情报给了你。"这样的说法，可以指引对手修正他的观点，而不会触怒了他，使他拂袖而去，从而使谈判沟通陷入僵局。

七、熟悉常用的谈判技巧

在谈判过程中，在掌握了谈判的策略之后，还需要运用一些技巧，化解谈判中出现的突发状况，做到随机应变。

1. 适当的反问

在谈判过程中，反问的作用及方式如下。

（1）加重语气，此种反问并不期望对方做出回答。

比如,"请你想一想,假若答应你的条件,我的领导能同意这份合同吗?""你问我相不相信你所报的成本,难道你看不出我从来就不怀疑你们的诚意吗?"

(2)要求说明问题,此种提问需要对方做出说明。

比如,"你问我在打八折时能不能接受全部商品,这里包不包括由我们挑选的品种?"

(3)争取时间考虑问题,需要对方回答。

比如,"这个问题留待以后再讨论好吗?""你问我新产品价格够不够低廉,但我还没有听到关于质量的介绍,你能加以详细说明吗?"

2.答话技巧

谈判实际上是说服对方接受自己观点的过程。而这个过程是通过陈述问题和回答问题来实现的。要使对方信服你的回答,必须经历由不相信到相信的转变过程。这种转变要求对方抛弃某些陈旧的观念,抛弃某些他已经习惯的做法,因而答话的技巧是很重要的。答话的技巧具体内容如下。

(1)引起兴趣　答话要暗示后面有许多重要问题,这就能引起对方的兴趣。

比如,"当然,你的问话是有道理的。不过,有一些材料,你可能还不知道,我们可以给你介绍。""这个问题是可以公开谈论的,不过在这之前,请允许我先作个说明。"

(2)随机应变　在谈判过程中双方难免发生争执,因为一些小事而陷入僵局,妨碍对方听取你的陈述,这时候就要善于转变话题。

比如,"我们所谈的已是另外一个主题了,待会儿再回头来讨论吧。""这个问题涉及的范围很广,分成几个问题,便于我们讨论。"

3.答复技巧

在谈判过程中的答复必须讲究策略与技巧。在谈判过程中正确的答案未必是最好的答复,它从内容到形式的选择都不如提问那样有一定的自由度,相反,却要承担一定的风险。应答的技巧不在于回答的"对"与"错",而在于应该说什么,不应该说什么。

(1)有备而答　在谈判过程中,对对方提出的每个问题都必须站在谈判全局的利益高度上认真对待、冷静思考、谨慎从容地应付。要记住,对对方提的每一个问题都必须想一想:"他为什么问这个问题?"越是在对方催逼自己作答的情况下,越要沉着冷静、深思熟虑。我们来看看案例中小王是怎么做的吧!

在超市负责啤酒采购的小王在一次谈判中,卖方问:"请问,您对我们这次交易能否获得成功怎么看,有信心吗?"小王答道:"我想贵方应当是已经充分理解了我们在产品价格、质量上的立场,按正常的情况,我们应当是有信心的。"小王的答复似乎在最后亮出了"有信心"三个字,表明了自己的决心与诚意,但其实只包含了一个暗示性的假言判断,即:假如你方在质量、价格上按己方要求,我们就可以成交;假如你方的产品不符合要求,那就不可能成交。

(2)局部作答 己方不应有问必答,而应有选择性地回答,对其他问题则可采取装聋作哑、听而不闻、不着边际等方式搪塞过去。

(3)含糊应答 借助一些宽泛模糊的语言,看似已作答,其实已留有余地,具有某种弹性,即使在意外情况下也无懈可击。

(4)拖延回答 在谈判过程中如果对方所提的问题动机不明,或己方觉得"从实招来"于己方不利,或问题很棘手,而对方又频频催问,己方不便表示拒答,则可以施行"缓兵之计",拖延回答。下面案例中小张在谈判过程中就采用了此方法来回答客户的提问。

小张在一次与买主谈判时,买主一定要了解生产方面涉及的机密问题,小张说:"很抱歉,因为没估计到贵方会提出这个问题,现在我们带的资料不全,待我们回去找到所需资料后便可答复你们。"也可以说:"你所提出的问题,请允许我们向上级有关领导请示后再答复好吗?"还可以说:"你提出的问题很重要,我想你是希望我们为你做出详尽、圆满的答复,但是这需要时间,请让我们充分考虑一下好吗?"

(5)答非所问 当谈判对手提出的问题己方不好回答,或做出回答会带来某些风险与不利,而对方又一再催逼己方作答。如己方拒不回答,会被指责为对成交缺少诚意;而勉强作答,说不定会落入对方预设的"陷阱"。

比如说:"你提的这个问题己方也认为确实重要,我们的看法是必须切实解决,而这就涉及一个更为重要的问题,那就是……"

又比如说:"刚才你提到的问题的确很值得商讨。我们也遇到过这样一件事……不知你们对此有何看法?"

(6)有偿作答 当对方在谈判过程中运用投石问路策略时,高明的谈判者绝不会轻易地就范,而会沉着冷静,因势利导,根据对方的提问反过来试探对方。

对方问:"如果己方增加2倍的订货量,你方能给予多少个百分点的优惠?"卖方可以回答说:"如果我告诉您,有一定的优惠,咱们就签订成交合同,怎么样?"

又如买方问卖方:"如果我们要求按己方设计的规格生产,那么价格能否保持不变?"卖方答道:"我们这种规格的产品在市场上适应面广,销量很大,供不应求。如果要重新按贵方的设计规格来生产,那么将意味着很多工序都要做出新的调整,成本肯定会上升,而且要求你们的订货量起码要达到10万个,价格要提高5个百分点,不知你们是否可以接受?"

(7)反客为主 当对方提出试探性的问题,试图摸索己方的底细时,己方为了不露底牌,想抑制对方的发问,甚至为了反过头来探明对方的虚实,找出和扫除成交的障碍，可以在接过问题后通过抓住关键的问题向对方反问，以反客为主，掌握主动。下面案例中玛丽的回答很值得我们学习。

玛丽在一次谈判中，就遇到过一个买主，在审阅了玛丽的报价单后说："我看了你们的报价，在研究成交细节前，你能否更完整地说明一下，价格上涨了30%，是用什么方法计算出来的？"这是一个很难应付的试探，答不好，可能为买方压价提供了许多"攻击点"，而这正是买方提问的动机所在。

因此，玛丽回答说："物价上涨与成本提高的关系是不言而喻的。当然，如果你对这个提价的幅度感到不满意的话，我很乐意就你觉得不妥的某些具体问题予以澄清，请问你认为哪些方面不妥？"

（8）沉默反观　对于一些明显不值得回答或不便回答的问题，如果不回答对方也无法指责的话，完全可以不予理会。当然，不要只是简单地沉默不语，可以"顾左右而言他"或辅以某些相应的"体态语言"：如微笑地中断、皱眉头、做出以手按眉毛下部等表示体况不佳、双手在胸前交叉、目光旁视等动作向对方发出所提问题无法回答的信息。看看下面案例中小琳是怎么做的吧！

有一次小琳在谈判时，就是运用这个技巧获取了重要的信息，卖方问小琳："你能在本月中旬以前决定成交吗？"小琳沉默。卖方又问："本月中旬以前，你如果订一大笔货的话，我可以保证向你提供一定的优惠，有兴趣吗？"小琳若有所思，但仍缄默不语。卖方沉不住气了，说："我们公司计划在近期内大幅度地涨价，如果你过了这个月中旬不成交，就恕我爱莫能助了。"小琳什么都没有做，就获得了宝贵的信息，做成了一大笔好生意。

第五节　如何与自己沟通

现代社会快速的生活节奏让很多人每天都奔忙于和客户沟通、和上司及下属沟通，闲暇时间则忙着陪伴家人，可能鲜有和自我沟通的意识。"知人者智，自知者明。胜人者有力，自胜者强"，尘世间万事万物相辅相成，只有和自我沟通顺畅，才会真正做到人生的豁达，也才能真正和他人和谐相处。

一、明确自我定位与认知

自我认知与定位是自我沟通的重要部分。每个个体都以独一无二、不可重复的方式存在。个体的生活质量和生活内容都是彼此迥异的，都有着区别于他人的潜力和特质。无论你出身如何，相貌几分，学历高低，只要你能正确地认识自我，了解自我，相信自我，找准坐标系中的位置，并且坚定信念，勇敢地走下去，每个人都可以成功。看看下面的案例中李嘉诚是怎么成功的吧！

李嘉诚早年生活艰苦，经历过无数磨难。少年时他曾在香港的茶楼里做侍应生。虽然身为侍应生，但李嘉诚有着强烈的梦想：就是有朝一日一定要成为一名实业家。可是，像他这样没有后台、没有本钱的人，该怎样才能投身实业呢？

早熟的李嘉诚自小就对自我有强大的认知能力，他相信自己有做销售员的潜质，而且做销售员可以为自己更快积累资本，成就实业家的梦想。在这种强烈自我认知的引导下，17岁的李嘉诚大胆地迈出了新的一步，他辞掉了茶楼里安稳的工作，成为一家塑胶厂的推销员。

在辛苦的推销生涯中，尽管经历种种艰难困苦，但李嘉诚毫不退缩，因为从17岁那一年他就深刻地认识到自己的定位与能力，他相信自己的判断，相信凭着自己的潜质终会成就一番惊人的事业。

李嘉诚的成功，虽然有机遇的垂青，更多的则是他强烈的自我认知以及不懈努力的结果。

认识自我，了解自我，是非常不易之事，所以有"做事难、做人难、了解自己就更难"的说法。心理学家们就曾对个人的了解比如橱窗一样，为便于理解，我们把橱窗放在直角坐标中加以分析。横坐标正向表示别人知道，横坐标负向表示别人不知道；纵坐标正向表示自己知道，纵坐标负向表示自己不知道，具体如下图所示。

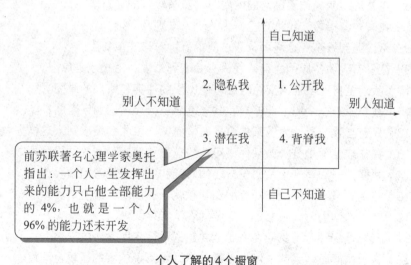

个人了解的4个橱窗

通过4个橱窗可知，每个人都须加强了解的是橱窗3和橱窗4。

1. 橱窗3

橱窗3是"潜在我"。认识、了解"潜在我"，是自我认知的重点之一，把个人潜能开发出来，也是职场新人的头等大事。

下面来做个小小的自我沟通测试，通过测试来看看自己的自我沟通能力如何。当然，这个测试主要是一个侧面的反应，只能作为参考。

 心理测试 ▶▶▶

自我沟通测试

评价标准：
非常不同意/非常不符合（1分）；不同意/不符合（2分）；比较不同意/比较不符合（3分）；比较同意/比较符合（4分）；同意/符合（5分）；非常同意/非常符合（6分）。

测试题：
（1）我经常通过与他人交流来获取关于自己优缺点的信息，以促使自我提高。
（2）当别人给我提反对意见时，我不会感到生气或沮丧。
（3）我非常乐意向他人开放自我，与他人共享我的感受。
（4）我很清楚自己在收集信息和做决定时的个人风格。
（5）在与他人建立人际关系时，我很清楚自己的人际需要。
（6）在处理不明确或不确定的问题时，我有较好的直觉。
（7）我有一套指导和约束自己行为的个人准则及原则。
（8）无论遇到好事还是坏事，我总能很好地对这些事负责。
（9）在没有弄清楚原因之前，我极少会感到生气、沮丧或是焦虑。
（10）我清楚自己与他人交往时最可能出现的冲突和摩擦的原因。
（11）我至少有一个以上能够与我共享信息、分享情感的亲密朋友。
（12）只有当我自己认为做某件事是有价值的，我才会要求别人这样去做。
（13）我在较全面地分析做某件事可能给自己和他人带来的结果后再做决定。
（14）我坚持一周有一个只属于自己的时间和空间去思考问题。
（15）我定期或不定期地与知心朋友随意就一些问题交流看法。
（16）在每次沟通时，我总是听主要的看法和事实。
（17）我总是把注意力集中在主题上并领悟讲者所表达的思想。
（18）在听的同时，我努力深入地思考讲话者所说内容的逻辑合理性。
（19）即使我认为所听到的内容有错误，仍能克制自己继续听下去。
（20）当我在评论、回答或不同意他人观点之前，总是尽量做到用心思考。

结果分析：
（1）≥100分：说明你具有优秀的自我沟通技能。
（2）92~99分：说明你具有良好的自我沟通技能。

（3）85～91分：说明你的自我沟通技能较好，但有较多地方需要提高。

（4）≤84分：说明你需要严格地训练自己以提升自我沟通技能。

2. 橱窗4

橱窗4是"背脊我"。如果自己诚恳地、真心实意地征询他人的意见和看法，就不难了解"背脊我"。我们可以采取同自己的家人、朋友、同事等交流的方式，可以借助录音、录像设备，尽量开诚布公。要做到这一点，需要开阔的胸怀，确实能够正确对待，有则改之，无则加勉，否则，别人是不会说实话的。

二、学会自我情绪察觉

每个人都有情绪，学会自我情绪察觉，这是自我沟通的一个重要方法。因为要做好自我沟通，首先要控制自己的情绪。

情绪是一种复杂的心理现象。由生理唤起、认知解释、主观感觉和行为表达四部分组成。常见的情绪类型如下图所示。

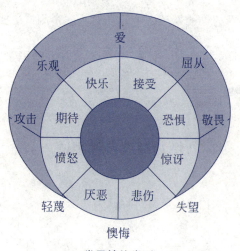

常见情绪类型

情绪对生理的影响表现为微血管收缩，手脚冰冷；血糖升高；呼吸急促；心跳加快；肠胃蠕动减慢，消化不良。

长期有负面情绪（焦虑、悲伤、悲观、紧张、敌意、严重猜疑）的人，患气喘、关节炎、头痛、十二指肠溃疡、心脏病等疾病的概率，比其他人高出1倍多。压力下释放出来的荷尔蒙会影响免疫力（抑制免疫细胞的功能）。

怎样来检查自己的情绪呢？

（1）是否过分渲染消极一面，不求积极一面。

（2）是否总以受苦受难者自居。
（3）是否对自己期望过高。
（4）有无吝惜赞扬。

三、学会调节不良情绪

我们要做好自我沟通，一定要学会调节自己的不良情绪，让自己每天保持积极健康的心态。传统上，我们否定某些情绪，称它们为负面情绪，因为它们使做事的能力减低，使别人看不起自己，觉得自己不成熟，甚至引起别人讨厌自己，例如焦虑、担心、愤怒、悲伤等。

事实上，情绪本身并没有正负面之分，因为负面情绪也能使我们有所收获，只要我们明白它们的正面意义。每个负面情绪，细心研究下来，都是给人一分推动力，推动当事人做出处理行动。这种推动力，可以是指引一个方向，也可以是给予一分力量，有些负面情绪，更能两者兼备。因此，我们需要学会调节各种不良情绪，尽量消除不良情绪。

根据下面的题目，请大家先来做一个小小的测试。通过这个测试，你可以了解情绪是否健康，是否在你的掌控之中。当然，这个测试主要是一个侧面的反应，只能作为参考。

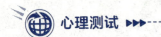 心理测试 ▶▶▶

情绪健康自我测试

测验题：
1. 看到自己最近一次拍摄的照片，你有何想法？（　　）
　A.觉得不称心　　　　B.觉得很好　　　　C.觉得可以
2. 你是否想到若干年之后会有什么使自己极为不安的事？（　　）
　A.经常想到　　　　B.从来没有想过　　　　C.偶尔想到过
3. 你是否被朋友、同事或同学起过绰号挖苦过？（　　）
　A.这是常有的事　　　　B.从来没有　　　　C.偶尔有过
4. 你上床以后，是否经常再起来一次，看看门窗是否关好，水龙头是否拧紧等？（　　）
　A.经常如此　　　　B.从不如此　　　　C.偶尔如此
5. 你对与你关系最密切的人是否满意？（　　）
　A.不满意　　　　B.非常满意　　　　C.基本满意

6.半夜的时候,你是否经常觉得有什么害怕的事?(   )
   A.经常   B.从来没有   C.极少有这种情况
7.你是否经常因梦见什么可怕的事而惊醒?(   )
   A.经常   B.没有   C.极少
8.你是否曾经有多次做同一个梦的情况?(   )
   A.有   B.没有   C.记不清
9.有没有一种食物使你吃后呕吐?(   )
   A.有   B.没有   C.记不清
10.除去看见的世界外,你心里有没有另外的世界?(   )
   A.有   B.没有   C.记不清
11.你心里是否时常觉得你不是现在的父母所生?(   )
   A.时常   B.没有   C.偶尔有
12.你是否曾经觉得有一个人爱你或尊重你?(   )
   A.是   B.否   C.说不清
13.你是否常常觉得你的家人对你不好,但是你又的确知道他们实际上对你很好?(   )
   A.是   B.否   C.偶尔
14.你是否觉得没有人十分了解你?(   )
   A.是   B.否   C.说不清楚
15.你在早晨起来的时候经常的感觉是什么?(   )
   A.忧郁   B.快乐   C.说不清楚
16.每到秋天,你经常的感觉是什么?(   )
   A.秋雨霏霏或枯叶遍地 B.秋高气爽或艳阳天   C.不清楚
17.你在高处的时候,是否觉得站不稳?(   )
   A.是   B.否   C.有时是这样
18.你平时是否觉得自己很强健?(   )
   A.否   B.是   C.不清楚
19.你是否一回家就立刻把房门关上?(   )
   A.是   B.否   C.不清楚
20.你坐在小房间里把门关上后,是否觉得心里不安?(   )
   A.是   B.否   C.偶尔是
21.当一件事需要你做决定时,你是否觉得很难?(   )
   A.是   B.否   C.偶尔是
22.你是否常常用抛硬币、翻纸牌、抽签之类的游戏来测凶吉?(   )
   A.是   B.否   C.偶尔

23. 你是否常常因为碰到东西而跌倒？（   ）
    A. 是　　　　　　　　B. 否　　　　　　　　C. 偶尔
24. 你是否需要一个多小时才能入睡，或醒得比你希望的早一个小时？（   ）
    A. 经常这样　　　　　B. 从不这样　　　　　C. 偶尔这样
25. 你是否曾看到、听到或感觉到别人觉察不到的东西？（   ）
    A. 经常这样　　　　　B. 从不这样　　　　　C. 偶尔这样
26. 你是否觉得自己有超乎常人的能力？（   ）
    A. 是　　　　　　　　B. 否　　　　　　　　C. 不清楚
27. 你是否曾经觉得因有人跟着你走而心里不安？（   ）
    A. 是　　　　　　　　B. 否　　　　　　　　C. 不清楚
28. 你是否觉得有人在注意你的言行？（   ）
    A. 是　　　　　　　　B. 否　　　　　　　　C. 不清楚
29. 当你一个人走夜路时，是否觉得前面暗藏着危险？（   ）
    A. 是　　　　　　　　B. 否　　　　　　　　C. 偶尔
30. 你对别人自杀有什么想法？（   ）
    A. 可以理解　　　　　B. 不可思议　　　　　C. 不清楚

计分方法：

以上各题的选项，选A得2分，选B得0分，选C得1分。请将你的得分统计一下，算出总分。

结果评析：

0～20分：表明你情绪良好、自信心强，具有较强的美感、道德感和理智感。你有一定的社会活动能力，能理解周围的人们的心情，顾全大局。你一定是一个性情爽朗、受人欢迎的人。

21～40分：说明你情绪基本稳定，但较为深沉，对事情的考虑过于冷静，处事淡漠消极，不善于发挥自己的个性。你的自信心受到压抑，办事热情忽高忽低，易瞻前顾后、踌躇不前。

41分以上：说明你情绪不佳，日常烦恼太多，使自己的心情处于紧张和矛盾之中。

50分以上：一种危险信号，你务必请心理医生做进一步诊断。

---

1. 忧虑情绪调适

忧虑消除的方法有以下几种。

（1）对自己说："忧虑只不过是一种很坏的心理习惯，我相信自己可以改变任何坏习惯。"

（2）练习从正面的角度看待那些不愉快的事。要讲正面的话，比如不要说，

"这事儿我永远也干不了",相反要宣告:"我通过努力再努力就一定能做得到。"

(3) 不要加入忧虑的谈话,在你一切的谈话中注入信心。

(4) 每晚临睡前练习倒空心思。

(5) 从现在开始,你的内心要充满信心和希望,多想想快乐、荣耀和光辉的时光。

(6) 与充满希望的人建立友谊。

(7) 每天早晨起床后首先对自己大声说三遍"我是最棒的",然后带着轻松、愉快的心情去上班或学习。

2. 抑郁情绪调适

美国学者卡托尔认为,不同的人会进入不同的抑郁状态,但是他只要遵照以下14项办法,抑郁的症状便会很快消失。

(1) 必须遵守生活秩序,与人约会要准时到达,饮食和休闲要按部就班,从稳定规律的生活中领会自身的情趣。

(2) 留意自己的外观,自己身体要保持清洁卫生,不得身穿邋遢的衣服,房间或院落也要随时打扫干净。

(3) 即使在抑郁状态下,也绝不放弃自己的学习和工作。

(4) 不得强压怒气,对人对事要宽宏大度。

(5) 主动吸收新知识,"活到老学到老"。

(6) 建立挑战意识,学会主动接受矛盾,并相信自己成功。

(7) 即使是小事,也要采取合乎情理的行动;即使你心情烦闷,仍要特别注意自己的言行,让自己合乎生活情理。

(8) 对待他人的态度要因人而异。具有抑郁心情的人,显得对外界每个人的反应、态度几乎相同。

(9) 拓宽自己的情趣范围。

(10) 不要将自己的生活与他人的生活比较。如果你时常把自己的生活与他人做比较,表示你已经有了潜在的抑郁,应尽快克服。

(11) 最好将日常生活中美好的事记录下来。

(12) 不要掩饰自己的失败。

(13) 必须尝试以前没有做过的事,要积极地开辟新的生活园地,使生活更充实。

(14) 与精力旺盛又充满希望的人交往。

3. 压抑情绪调适

(1) 正确面对社会现实 看待社会不能过于理想化,要看到社会成员之间实际上存在不平等的地位,待遇上的差距。人与人不能互相攀比,不能用自己的标准去衡量社会的公平性,而应正视社会,承认差别,努力去缩小与别人的差距。

（2）正确看待自己　遇到挫折，应先从自己的主观方面去寻找原因。用自己的勤奋特长去弥补不足之处；"天生我材必有用"；要停止自我比较，不要担心不如别人，要自己接受自己，确立一种自强、自信、自立的心态。

（3）多读圣贤哲理与名人传记　圣贤和名人之所以成功，就是他们能从挫折中走出来。人的一生会遇到许多挫折，如何战胜挫折，到达成功的彼岸，圣贤们的思想与足迹能给予我们许多启示。孔子讲学"三虚三盈"，但他不气馁，不断努力，终于培养出"三千弟子"。

（4）积极做富有建设性的工作　压抑会产生厌倦、懒惰的行为。列出一个工作、学习、生活日程表，包括晨练、读书、写作、交友、上街、娱乐等。不论大小事情都列入其中，并认真、专心地去做。

（5）主动帮助别人　乐于助人，使人精神健康。心理压抑者通过做志愿者的工作，会发现只要有同情心，能够理解别人，对社会也是有价值的。

（6）快乐生活　多参加社交活动，如朋友联欢会、聚餐或看电影等。让微笑常"写"在你脸上。当感到压抑时，不要拖着双脚垂头丧气地走路，要像风一样疾走；不要躬背坐着，而要挺直身子；不要愁眉苦脸，要露出笑脸，这样做本身就能够感觉良好。

（7）坚持锻炼身体　通过体育锻炼，出一身汗，精神就轻松多了。呼吸性的锻炼，例如散步、慢跑、游泳和骑车等，可使人信心倍增，精力充沛。因为这些行动让人肌体彻底放松，从而消除紧张和焦虑的心情。

（8）回归自然　精神压抑时，可漫步于田间地头，跋涉于山河之间，看春华秋实，听蝉鸣鸟啼，置身于大自然的怀抱。因此产生许多联想与灵感，悟出人生哲理，以调适自己的不适心态。

4.自卑情绪的消除

有自卑感的人往往不敢正视自己的自卑，从而也就没有战胜自卑的意识。西方有句谚语"用剑之奥秘，在于眼"。意思是正视它，才能运用自如。

自信是消除自卑的最好方法，因为自信能使自己不断地发现自己各方面的优点，从而满怀信心地去拼搏，使自己获得更多的成功。每个人都各有自己的优点和弱势，要全面正确地评价自己。自卑情绪在某些时候也可以转化为巨大的动力。

> **沟通密码**
>
> 自卑者肯定都会有孤独的感觉，如果主动地参加一些群众活动，可以开阔视野，对逐步克服自卑情绪是有好处的。

5.嫉妒情绪的调适

既然嫉妒心理是一种损人损己的病态心理，严重影响自己的身心健康，那么应该如何克服呢？

（1）认清嫉妒的危害　嫉妒的危害一是打击了别人，二是伤害了自己、贻误自己。遭到别人嫉妒的人自然是痛苦的，嫉妒别人的人一方面影响了自己的身心健康；另一方面由于整日沉溺于对别人的嫉妒之中，没有充沛的精力去思考如何提高自己，恰恰又继续延误了自己的前途，一举多害。认清这些是走出嫉妒误区的第一步。

（2）克服自私心理　嫉妒是个人心理结构中"我"的位置过于膨胀的具体表现。总怕别人比自己强，对自己不利。因此，要根除嫉妒心理，首先应根除这种心态的"营养基"——自私。只有驱除私心杂念，拓宽自己的心胸，才能正确地看待别人，悦纳自己，即经常说的"心底无私天地宽"。

（3）正确认知　客观、公正地评价别人，也要客观、公正地评价自己。别人取得了成绩并不等于自己的失败。"人贵有自知之明。"强烈的进取心是人们成功的巨大动力，但冠军只有一个，尺有所短，寸有所长，一个人不可能事事都走在人前，认清自己才能努力前行。

> **沟通密码**
>
> 一个人只要客观地认识自己的优势和劣势，现实地衡量自己的才能，为自己找到一个恰当的位置，就可以避免嫉妒心理的产生。

（4）将心比心　将心比心是人们常说的一句俗语，在心理学上叫"感情移入"。当"嫉妒之火燃烧"时不妨设身处地为对方着想，扪心自问，"假如我是对方又该如何呢？"运用心理移位法，可以让自己体验对方的情感，有利于理解别人，阻止不良心理状态的蔓延，这是避免嫉妒心理行之有效的办法之一。

（5）提高自己　嫉妒的起因就是看不惯别人比自己强。如果能集中精力，不断地学习、探索，使自己的知识、技能、身心素质不断得到提高，那么，也可以减少嫉妒的诱因。而且，丰富多彩的课余生活将自己的闲暇时间填得满满的，自然也就减少了"无事生非"的机会，这是克服嫉妒心理最根本的方法之一。

（6）完善个性因素　凡嫉妒心理极强的人，都是心胸狭窄、多疑多虑、自卑、内向、心理失衡、个性心理素质不良的人。应努力完善自己的个性因素，提高自己的心理素质，以健康的心态面对生活。

（7）树立正确的竞争意识　公平、合理的竞争是向上的动力，竞争对手之间也可以互相取之所长，共同进步。

6. 挫折情绪的调适

（1）宣泄　当有烦恼，自我解决不了时，要向亲朋好友倾诉出来，哪怕是痛痛快快地大哭一场，把不良的情绪宣泄出来，释放出压抑情绪，就会心身平衡，有益于身心健康。切记不要采用不健康的宣泄或应对方式，如大量酗酒、打打闹闹、发牢骚、说怪话等，都无济于解决自己心理上的苦闷，反而会加剧心理痛苦。

(2) 改变认知　当面对困境而沮丧时，不妨换个角度来认识问题，认知正确了，情绪就会相应发生变化。

比如，面临高考的优秀学生在模拟考试中语文只得了70分，心里非常焦虑不安，认为一切都完了，不会考上大学了。但是换一个角度来讲，模拟考试的失败为学生找到了考试中出现的缺陷，提示其在这方面应该加强学习和理解，对高考准备是一次极好的检验。

(3) 移情转移　当一个人遇到困难或挫折时，如与同事关系紧张、任务过重等，一时又无法解决这些问题，就应顺其自然接受所面临的困境或问题，同时把注意力转移到其他方面，如去散心、打球、聊天、娱乐、旅游等，以淡化某种困境，遗忘烦恼之事，使紧张的情绪松弛下来。

(4) 运动　运动是最好的放松方式，因为它可以帮助你释放紧张和压力，缓解疲劳，减轻焦虑。运动不但增强体质，而且锻炼人的意志品质，提高对困难或挫折的应对能力。

四、学会自我暗示

暗示是采取含蓄的方式，如通过语言、行动等刺激手段对他人或自己的心理、行为产生影响，使他人或自己接受某一观念，或按某一方式进行活动。暗示包括积极暗示和消极暗示两种。在这里重点分析积极暗示。

1. 积极的自我暗示

积极的自我暗示，须遵循下图所示的四条原则。

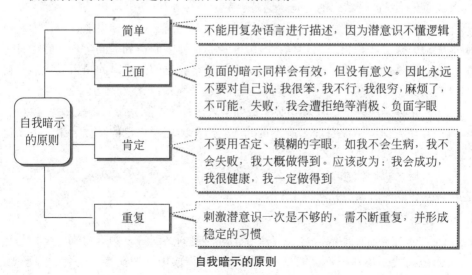

自我暗示的原则

2. 视觉暗示

视觉化对潜意识的暗示力量，远胜于其他的暗示方式。因此，凡是重要的信念，都应视觉化，一条一条写下来贴在显眼处；凡是目标，也都应视觉化。写下来很好，变成图像或立体的更好，然后将它贴在或放在你每天都能数次看得见的地方。善用潜意识的力量，成功会比你想象得更快、更轻松。

3. 积极的自我谈话

可以运用"积极的自我谈话"，能很好地帮助自己将显意识及潜意识集中到积极的意识上。

自我激励：我是最棒的，我一定行。

自我期望：我肯定能考上理想的大学。

自我要求：我一定要努力，加油干。

自我表扬：我真是好样的。

自我欣赏：我真行。

自我关心：我要注意身体。

自我奖励：祝贺你，这份礼物送给你啦！

自我批评：不该这样。

自我惩罚：这件事是我不对，去做好事，补偿一下。

自我提醒：成功者是不会轻言放弃的。

自我开导：想开点！何必计较这些小节。

自我安慰：没有失败，只是暂时还没有成功而已。

自我总结：做得对，继续干。

自我命令：立即行动！

五、学会自我激励

自我激励指的是自己具有一股内在的动力，向所期盼的目标前进的心理活动过程。在这里，重点介绍自我激励的常用方法。激励是指各种与启动、引导及维持生理和心理活动相关的过程。在任何时候，激励过程决定了你在许多选项中会做出怎样的选择，虽然选择并不总是受意识控制的。

1. 树立愿景

树立愿景是迈向自我塑造的第一步，要有一个你每天早晨醒来为之奋斗的目标，它应是你人生的目标。愿景必须即刻着手建立，而不要往后拖。随时可以按自己的想法做些改变，但不能一刻没有愿景。

2. 离开舒适区

不断寻求挑战激励自己。提防自己，不要"躺在"舒适区。舒适区只是"避风港",不是"安乐窝"。它只是你心中准备迎接下次挑战之前刻意放松自己和恢复元气的地方。

3. 把握好情绪

人开心的时候,体内就会发生奇妙的变化,从而获得阵阵新的动力和力量。但是,不要总想在自身之外寻开心。令你开心的事不在别处,就在你身上。因此,找出自身的情绪高涨期,用来不断激励自己。

4. 调高目标

许多人惊奇地发现,他们之所以达不到自己孜孜以求的目标,是因为他们的主要目标太小,而且太模糊不清,使自己失去动力。如果你的主要目标不能激发你的想象力,目标的实现就会遥遥无期。因此,真正能激励你奋发向上的是,确立一个既宏伟又具体的远大目标。

5. 加强紧迫感

自以为长命百岁无益于你享受人生。然而,大多数人对此视而不见,假装自己的生命会绵延无绝。事实上,如果能逼真地想象我们的弥留之际,会物极必反产生一种再生的感觉,这是塑造自我的第一步。

6. 撇开朋友

对于那些不支持你目标的"朋友",要敬而远之。你所交往的人会改变你的生活。与愤世嫉俗的人为伍,他们就会拉你沉沦,结交那些希望你快乐和成功的人,你就在追求快乐和成功的路上迈出最重要的一步。

> **沟通密码**
>
> 对生活的热情具有感染力,因此同乐观的人为伴能让我们看到更多的人生希望。

7. 迎接恐惧

世上最秘而不宣的秘密是,战胜恐惧后迎来的是某种安全有益的东西。哪怕克服的是小小的恐惧,也会增强你对创造自己生活能力的信心。如果一味想避开恐惧,它们会像"疯狗"一样对我们穷追不舍。此时,最可怕的莫过于双眼一闭,假装它们不存在。

8. 做好调整计划

实现目标的道路绝不是坦途。它总是呈现出一条波浪线,有起也有落。但你可以安排自己的休整点,即使你现在感觉不错,也要做好调整计划,这才是明智之举。在自己的事业高峰期,要给自己安排休整点,即使是离开自己挚爱的工作也要如此。只有这样,在你重新投入工作时才能更富有激情。

9. 直面困难

每一个解决方案都是针对一个问题的，两者缺一不可。困难对于脑力运动者来说，不过是一场场艰辛的比赛。真正的运动者总是盼望比赛。如果把困难看作对自己的"诅咒"，就很难在生活中找到动力。如果学会了把握困难带来的机遇，你自然会动力陡生。

10. 加强演练

先"排演"一场比你要面对的问题更复杂的"战斗"。如果手上有棘手活而自己又犹豫不决，不妨挑件更难的事先做。生活挑战你的事情，你一定可以用来挑战自己。这样，你就可以自己开辟一条成功之路。

> **沟通密码**
>
> 成功的真谛是：对自己越苛刻，生活对你越宽容；对自己越宽容，生活对你越苛刻。

11. 立足现在

锻炼自己即刻行动的能力，充分利用对现时的认知力。不要沉浸在过去，也不要沉溺于未来，要着眼于今天。要学会脚踏实地、注重眼前的行动，要把整个生命凝聚在此时此刻。

12. 敢于竞争

竞争给了我们宝贵的经验，无论你多么出色，总会人外有人，所以你需要学会谦虚。努力胜过别人，能使自己更深刻地认识自己；努力胜过别人，便在生活中加入了竞争"游戏"。不管在哪里，都要参与竞争，而且总要满怀快乐的心情。要明白最终超越别人远没有超越自己更重要。

13. 自省

大多数人会通过别人对自己的印象和看法来看自己。当然，对任何一个人来说，知道别人对你的评价很高，自然会非常高兴。但你也只能把这些溢美之词当作自己生活中的点缀，人生的棋局该由自己来把握。不要从别人身上找寻自己，应该经常自省并塑造自我。

14. 走向危机

危机能激发我们竭尽全力。无视这种现象，我们往往会"愚蠢"地创造一种追求舒适的生活，努力设计各种越来越轻松的生活方式，使自己生活得风平浪静。当然，我们不必坐等危机或悲剧的到来，从内心挑战自我是我们生命力量的源泉。

15. 精工细笔

创造自我，如绘制一幅画一样，不要怕精工细笔。如果把自己当作一幅正在描绘的杰作，你就会乐于从细微处做改变。一件小事做得与众不同，也会令你兴奋不已。总之，无论你有多么小的变化，点滴对于你来说都很重要。

16. 敢于犯错

有时候我们不做一件事，是因为我们没有把握做好。我们感到自己状态不佳或精力不足时，往往会把必须做的事放在一边儿，或静等灵感的降临。建议你不要这样。如果有些事你知道需要做却又提不起劲儿，尽管去做，不要怕犯错。

> **沟通密码**
>
> 给自己一点儿自嘲式幽默，抱一种打趣的心情来对待自己做不好的事情，一旦做起来就尽管乐在其中。

17. 不要害怕拒绝

不要消极接受别人的拒绝，而要积极面对。当你的要求落空时，把这种拒绝当作一个问题："自己能不能有创意呢？"不要听见"不"字就打退堂鼓，应该让这种拒绝激励你更大的创造力。

18. 尽量放松

接受挑战后，要尽量放松。在脑电波开始平和你的中枢神经系统时，你可感受到自己的内在动力在不断增加。你很快会知道自己有何收获。自己能做的事，放松即可以产生迎接挑战的勇气。

19. 一生的缩影

塑造自我的关键是甘做小事，但必须即刻就做。塑造自我不能一蹴而就，而是一个循序渐进的过程。这做一点儿，那改一下，将使你的一天（也就是你的一生）有滋有味。

20. 重视今天

大多数人希望自己的生活富有意义。但是生活不在未来。我们越是认为自己有充分的时间去做自己想做的事，就越会在这种沉醉中让人生中的绝妙机会悄然流逝。只有重视今天，自我激励的力量才能滔滔不绝。

六、自我压力调适

压力是不可避免的，因此学会自我压力调适就显得尤为重要。首先，我们来做一个小小的测试，通过测试来了解自己的工作压力情况，以便有针对性地采取措施舒缓工作压力。当然，这个测试主要是一个侧面的反映，不能根据这个测试判定自己的压力状况，只能作为参考。

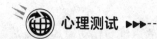

工作压力测试

请回想一下自己在过去一个月内有否出现下述情况，并做出适当的选择：A.为经常发生；B.为偶尔发生；C.为从未发生。

测试题：

1. 觉得手上工作太多，无法应付。（   ）
2. 觉得时间不够，所以要分秒必争。例如过马路时闯红灯，走路和说话的节奏很快。（   ）
3. 觉得没有时间消遣，终日记挂着工作。（   ）
4. 遇到挫败时很容易发脾气。（   ）
5. 担心别人对自己工作表现的评价。（   ）
6. 觉得上司和家人都不欣赏自己。（   ）
7. 担心自己的经济状况。（   ）
8. 有头痛、胃痛、背痛的毛病，难以治愈。（   ）
9. 需要借助烟酒、药物、零食等抑制不安的情绪。（   ）
10. 需要借助安眠药去协助入睡。（   ）
11. 与家人、朋友、同事的相处令你发脾气。（   ）
12. 与人谈话时，打断对方的话题。（   ）
13. 上床后觉得思潮起伏，很多事情牵挂，难以入睡。（   ）
14. 太多工作，不能每件事做到尽善尽美。（   ）
15. 当空闲时轻松一下也会觉得内疚。（   ）
16. 做事急躁、任性而事后感到内疚。（   ）
17. 觉得自己不应该享乐。（   ）

结果评析：

"从未发生"计0分，"偶尔发生"计1分，"经常发生"计2分。

（1）0～10分：精神压力程度低，但可能显示生活缺乏刺激，比较简单沉闷，个人做事的动力不高。

（2）11～15分：精神压力程度中等，虽然某些时候感到压力较大，但仍可应付。

（3）16分或以上：精神压力偏高，应反省一下压力来源和寻求解决办法。

1. 改变对压力的思维

改变对压力的思维，可以有效调整压力，养成积极的思维和行动模式。首先请回答一个问题："受到上司批评后，你会觉得难过吗？"

如果你是不假思索地、习惯性地给予肯定回答，那么说明或许你无法有效管理压力的关键就在于此。压力来源其实并不是外界，而是源于你自己内心对所处环境或者压力事件的如何评价。

许多事情，只需要转换一个角度，从另一个角度看问题，那么相同的事情就有可能发生两种完全不同的结果。

压力的最终形成不在于外界的压力时间，而在于个人的主观评价。因此，要做好压力调适，首先就要改变对压力的思维。

2. 改变对生活的态度

其实，有时候压力是自己给自己的，只要我们学会用不同的视角来看待问题，那么许多问题就可以迎刃而解，就不是问题了。

就如同我们每天在工作，每个人的目的都不一样，工作的态度不同，效果也会不同。

> **沟通密码**
>
> 如何看待自己的工作、如何对待自己的工作——把平凡的工作当作伟大的事业。相信，你改变了对工作的态度之后，那你工作的压力就不会那么大了。

3. 调整环境

压力调适，可以采用调整环境的方法。环境调整，可以是小环境，也可以是大环境。若在工作中一直感到压力特别大，如果允许，可以申请换到其他工作岗位。如果不行，就可以暂时休假，离开让你感到有压力的环境。

当然，如果由于种种原因，你无法辞职，那可以选择适当调整工作环境。如在办公桌旁放一些绿色植物，舒缓压力。将家里装饰重新布置，换一种环境，可能压力就会慢慢消除。

最好的方法，还是调整自己的心态，因为当我们无法改变环境的同时，只有改变自己。

4. 运用放松训练

放松训练是国内外广泛应用的控制紧张情绪常用的方法。放松训练主要是通过放松肌肉、骨骼关节、呼吸以及神经等基本动作来降低机体能量的消耗，从而达到控制情绪强度的目的。

相关链接

自我放松训练方法

科学调查证明，我们身体与心灵方面存在着密不可分的关系，身体会听从心灵的命令进行生产和制造，不管心灵想着什么，身体都会产生变化。大多数心理问题（如工作压力过大、焦虑过重等）的起因都和负面的情绪有关。

我们可以配以轻音乐，来帮助进行自我放松，缓解学习压力和考试焦虑等不良情绪。它同时也是一段让自己身心放松的练习，可以好好让自己放松休息一下。操作时，取一个舒适的体位，摘下眼镜、解开领带、放松腰带，然后微闭上双眼开始。

1. （平静而缓慢地呼吸）我的呼吸很慢、很深。
2. 我感到很安静。
3. 我感到很放松。
4. 我的双脚感到沉重和放松。
5. 我的双脚、踝关节、膝关节、臀部全部感到沉重和放松。
6. 我的腹部、我的身体的中间部分感到了沉重和放松。
7. 我的双手、手臂、双肩全部感到沉重和放松。
8. 我的脖子、下巴及额部全部感到沉重和放松。
9. 我整个身体都感到安静、沉重、舒适、放松。
10. 我的呼吸越来越深，越来越慢。
11. 我感到很放松。
12. 我的双臂及双手是沉重和温暖的。
13. 我感到十分安静。
14. 我的全身是放松的，我的双手是温暖的、放松的。
15. 轻松的暖流流进了我的双手，我的双手是温暖的、沉重的。
16. 轻松的暖流流进了我的双臂，我的双臂是温暖的、沉重的。
17. 轻松的暖流流进了我的双腿，我的双腿是温暖的、沉重的。
18. 轻松的暖流流进了我的双脚，我的双脚是温暖的、沉重的。
19. 我的呼吸越来越深，越来越慢。
20. 我的全身感到安宁、舒适和放松。
21. 我的头脑是安静的，我感觉不到周围的一切。
22. 我的思想已专注到身体的内部，我是安闲的。
23. 我的身体深处，我的头脑深处是放松、舒畅和平静的。
24. 我是清醒的，但又处于舒适的、安静的、注意内部的状态。

25. 我的头脑安详、平静，我的呼吸更慢、更深。

26. 我感到一种内部的平静。

27. 保持1分钟。

28. （放松和沉静现在结束）深吸一口气，慢慢地睁开双眼，我感到生命和力量流进了我的双腿、臀部、腹部、胸部、双臂、双手、颈部、头部。这种力量使我感到轻松和充满活力。我恢复了活动。

5. 保持健康规律生活

有健康且规律的生活，可以减轻心理的负担。因为高效的工作需要健康的体魄，如果身体不适，是很难集中精力处理工作的。

研究睡眠的专家认为，如果希望身体机能保持最佳状态，每天就要保证有7～8小时的睡眠时间。睡眠不论是在时间管理还是压力管理中都有着极其重要的作用。同时，坚持适量运动可以使身体健康得到保障。

饮食对于身体至关重要。工作紧张时，人们大都以方便食品充饥，而这种食品毫无营养。要想减轻压力程度，改善饮食至关重要。从现在开始，消除不良饮食习惯。

第五章
讲究方法,让沟通事半功倍

场景导入

转眼间，又到了周末，小陆和女儿按时来到各自的培训室。

今天到得比较早，离上课还有几分钟，教室里，学员们已经聊开了。

小于说："经过这几节课的培训，我觉得现在和同事沟通起来顺畅多了，互相之间关系也变好了。"

小黄也说："是呀，听了刘老师的课，我现在去找领导汇报工作，也不紧张了，而且我还发现领导似乎对我最近的表现很满意呢。"

小陈说："是的是的，我也有同感，以前我最怕的就是向领导汇报工作了，现在我好像也不害怕了，周五晚上的总结会上，我汇报完后，领导还表扬我了呢。"

……

大家聊得热火朝天，连刘老师进来都不知道。还是小杨提醒大家："各位各位，上课时间已到。"

刘老师笑着说："看来各位是尝到'会沟通'的甜头了。卡耐基说过，一个人的成功，约有15%取决于知识和技能，约有85%取决于沟通。可见沟通有多么重要了。"

"可不是吗？要不，我们也不会来参加这个培训了。"小于的话刚说完，大家都笑了。

刘老师接着说："不错，无论在何种环境的职场里，有效且得体地与上司、同事以及下属的沟通都是一门不可忽视的学问。

职场是个小社会，需要多沟通来稳固自己的人际交往，这样做起事来也方便不少。如果你不是那种善于交流的能手，那么试着改变沟通方式，掌握不同的沟通技巧也能助你在职场上不断提升。

这节课，我们就来看看都有哪些技巧可以提升沟通的效果。"

第一节 谈吐优雅，开启沟通的大门

谈吐不仅指言谈的内容，还包括言谈的方式、姿势、表情、速度、声调等。如果一个人谈吐优雅、知识丰富，又能用恰当生动的表情、肢体语言和优美的声音来表达，将会达到意想不到的沟通效果。

一、塑造好自身形象

根据西方学者雅伯特·马伯蓝比教授研究出的"7/38/55"定律，其他人对你的观感，只有7%取决于你谈话的真正内容；而有38%取决于辅助表达这些话的方法，也就是口气、手势等；却有高达55%是决定于你的外表，由此可见，良好的外部形象有多么重要。

1. 好形象就是穿着要大方得体

一个人的穿着打扮，可以体现出他的素质修养、文化水平以及处世风格等各方面的特质。整洁大方的仪表，不仅能展示自己的个性魅力，更能体现对别人的尊重。

展×其实工作能力很强，与同事相处也都很融洽，唯一美中不足的是，他的外表实在有点邋遢，而他似乎对自己的不修边幅也毫不在意。他常常弄不懂为什么自己工作认真努力，升迁却总也轮不到自己。

他的顶头上司说："其实，旁观者都看得出来，这是因为他的外表实在很吃亏，而不是工作能力的问题，可是谁又能开口告诉他呢？每每遇上重要的事情欲让他出面接洽，却总会担心客户以貌取人，由此认为这是一家不注意形象，不专业、不敬业的公司，毕竟公司要注意自身的形象。"

有时一个人的内在很专业，而外在却不够专业或者毫不在意，这会直接影响别人对你能力的肯定。因为一个衣着邋遢，穿衣都不合场合的人，实在很难让人相信会是一个对环境变化有足够掌控能力的人。

2. 好形象就是待人要有礼有节

良好形象的基本要求是待人温和、彬彬有礼、风度翩翩、举止得体，给人很有教养的感觉。

美国第三任总统杰斐逊和他的孙子驾着马车出去，在路上遇到一个陌生的奴隶脱帽向他们鞠躬行礼。杰斐逊举帽还了个礼，但他的孙子忙着和别人讲话，没有理会那个奴隶。后来杰斐逊严肃地对孙子说："我的孩子，难道你允许一个奴隶比你更有绅士风度吗？"

一个人的风度是从内心表现出来的，而不仅是外在的表现。一个谈吐优雅、气度不俗的人和他渊博的学识、豁达的性情以及良好的品德是密不可分的。因此，一个有风度的人，不仅要有好的外表形象，还应该有好的内涵。

无论一个人在社会上扮演什么样的角色，充当什么样的身份，礼貌一直是维持人际关系不断互动的规则。

有句话叫作"尊重别人就是尊重自己"。一个有礼貌的人到处都会受欢迎，受到人们的热诚接待，而一个习惯于出口不逊的人，就不会得到别人的喜欢。

案例赏析

不尊重老师的学生

宋老师是一所高校有名的教授。有一天，一位外校的同学来找宋教授，要宋教授做他校外的论文评阅人。因为当时规定，论文答辩时要请一个校外的专家来指导。

这位同学一进门，见宋教授的屋里坐了好几位老师在商讨什么问题。他也弄不清哪位是宋教授，就张口问道："谁是宋×呀？"

宋教授听到这个学生直呼自己的名字，脸色微微一变，但还是有礼貌地对他说："我就是，找我有什么事吗？"那位同学大大咧咧地说："噢，你就是宋×呀，我可早就听说过你了，我是某某教授的学生，我的论文你就给我看一下！"

宋教授到底是有涵养的人，看到这个学生这么没有礼貌，只是随口说道："那你就放那里吧！"

这名学生就把自己的论文往宋教授的桌子上一扔，对宋教授说："你快点儿看呀！后天我们要论文答辩，你可别耽误我的事！"

宋教授这么有涵养的人也忍受不了了，火气顿时上来，他对这位同学说："这位同学请留步。请问一下是谁找谁办事呀？你的论文拿走，我没有时间给你看！"

【点评】

一向很有涵养的宋教授为什么这么生气呢？都是这个同学不懂礼貌惹的祸，对方是一个名满天下的教授，他却像对待小孩子一样直呼其名，一点儿都没有尊敬人的意思，怎么会让宋教授高兴呢？

其实，找人办事得像个找人办事的样子，这名同学如果改变一下自己的说话方式，对宋教授这样说："宋教授，我早就听说过您的大名了，所谓名师出高徒，以前没有机会师从于您，临到毕业的时候不知道能不能得到您的栽培，

> 知道您公务繁忙，日理万机，但是我很希望能够得到您的指导，希望宋教授您百忙之中给弟子一个机会。"
>
> 他如果能够这么说，不要说宋教授这样有涵养的人了，任何一位老师都会热心地为他评阅论文的。

礼貌就是一个人的名片，说话有礼貌的人到处都会受到人们的欢迎。礼貌不礼貌，看似小事，可有时会直接影响到大事的成败。

沟通密码

> 生活中最重要的是有礼貌，它比最高的智慧、比一切学识都重要。所以我们在日常交往中一定要注意礼貌待人。

3.好形象就是举止要优雅自然

一个人的行为举止，是社交中的无声语言，是个人性格、品质、情趣、素养、精神世界和生活习惯的外在表现。对于我们与人交往和为人处世也有很大的影响，因此，我们对此不能轻视。举止优雅自然主要体现在以下几个方面。

（1）站如松　正确的站姿应给人以挺、直、高的美感。站立时身体各主要部位舒展，头不下垂，颈不扭曲，肩不耸，胸不含，背不驼，髋、膝不弯，这样就能做到"挺"。站立时脊柱与地面保持垂直，在颈、胸、腰等处保持正常的生理弯曲，颈、腰、背后肌群保持一定紧张度，这样就能做到"直"。站立时身体重心提高，并且重点放在两腿中间，这样就能做到"高"。

（2）坐如钟　正确的坐姿给人一种美感，留下端庄、稳重的印象。并给别人传达一种积极的信息，令人感觉你诚实可信。

正确的坐姿是：入座时要轻要稳。走到座位前，转身后，轻稳坐下。上半身稍微向前倾，背部勿靠住椅背，手要端正地放在腿上，鞋跟要靠拢。如果是面对面谈话，身体要稍倾斜而坐；双膝间的距离约为一个拳头，也可自然并拢，双腿正放或侧放，双脚并拢或交叠。落座时，坐满椅子的2/3即可，脊背轻靠椅背。

（3）行如风　步态可以体现一个人的精神状态。男子走路贵在稳健、迅捷；女子走路贵在婀娜、轻盈，但以自然明快为好。稳健有力或自然明快的步履给人朝气蓬勃、积极向上的精神状态；东倒西歪、一步三摇的步态会让人觉得这种人很不可靠。

虽然，举止优雅自然对立身行事有很重要的影响，不过，它可不是装出来的，得从小事做起，改正不良习惯；也不是一朝一夕能形成的，而是长期坚持形成的结果。

> **相关链接**

个人形象礼仪有哪些

好的个人形象礼仪能使你给人留下好的印象,你千万不能忽视。那么,个人形象礼仪主要包括哪些方面呢?

1. 仪容礼仪

仪容是指你的外表形象,而好的仪容礼仪体现在你的头发、面容、口腔等上。要给人展示最好的一面,你的发型要美观大方,与你的脸型相配,并要时刻保持清洁整齐。你还要注意护肤与适当地化妆,美化自己的容颜。另外,你要时刻保持口腔洁净、口气清新。

2. 化妆礼仪

对于都市女士来说,化妆越显重要,以素颜示人是不礼貌的。而化妆也有礼仪,你知道吗?除非一些盛大或特别的场合,女士们多适宜以淡妆示人,切勿过于夸张,注意补妆,但切勿在公开场合补妆。

3. 举止礼仪

举止是指你的行为举止,即坐、立、站、走等一举手一投足的姿势,无论你做什么动作,都请你考虑到自己的举止是否文明与雅观,你应表现得沉稳庄重,绝不要毛毛躁躁、潦潦倒倒。

4. 谈吐礼仪

与人交谈时,你要表现得足够礼貌、热情与亲切,谈吐要大方,富有哲理性,适当的时候可以表现出一些幽默,逗趣别人,渲染气氛,切勿谈论他人的隐私与争议性大的话题。以好的谈吐去感染他人,让人感受到你的亲和力,更加愿意与你来往。

5. 处世礼仪

进入社会后,我们都要学会处世礼仪,这样才有助你更好地游走于人群之中。待人接物时,你要保持客观的态度,公平处事,平等待人,注意言辞的运用、人与人之间的亲密程度与处事的方式,学会圆融,避免冲突。

二、妙用肢体语言

肢体语言是人际交往中常用的一种交流形式。使用得当,会给人以更深刻、更鲜明的印象。好的肢体语言不仅可以很好地表情达意,而且可以以优雅动人的体态,给人的视觉以美好的感觉。

1.手势的运用

在人际交往中，人们经常会用各种手势来传达不同的信息，比如友好、真诚、自信、高傲、专横、焦虑等。手势是构成个人形象的重要部分，你可以根据需要选择不同的手势增强你在别人心目中的形象。

手势按动作意义的不同可分为拱手、招手、挥手、摆手、摇手、握手等动作。而不同的手势还能表现人不同的性格特征。

比如，有些人在发言时，常常会有一些手部动作，摊双手、摆动手、相互拍打掌心等，这是对他说话内容的强调。这种人无论在什么场合都习惯于把自己塑造成一个领导型人物，做事果断、自信心强，很有表现欲，性格大都属于外向型。

一些人在讲话时，会将手掌猛地往下一砍，表明他已经决断或在特别强调自己说的某句话、某个词。

会谈时，特别是在会谈陷入僵局时，有人会两手不停地搓动，表明他已经没有主意而陷于"山穷水尽"的地步了。

一些人在与人交谈时习惯于时不时地拢一拢头发，他们一般都性格鲜明、个性突出、爱憎分明、疾恶如仇。

一些人在说话时与别人拍拍打打，这种人通常修养不高，或者是故意与对方套近乎。

当别人讲话时，一些人以手在桌上叩击出单调的节奏，或者用笔杆敲打桌面，同时脚跟在地板上打拍子，或抖动脚，或用脚尖轻拍，这种节奏并不是中途停止，而是不断地嗒嗒作响。这种现象就是在告诉人们，他已经对对方所讲的话感到厌烦了。

一些人顺手拿过或摸出一张纸来，在纸上乱涂乱画之余，还会欣赏或凝视自己的"作品"。这也是一种对别人的讲话缺乏兴趣的表现。

在社会交往中，谁都希望展现自己美好的形象，给别人留下一个好印象。但是一些不经意的小动作经常会为我们的形象抹黑，以上这些手势语就是交往中的细节，它们通常对语言有巨大的辅助作用，有时甚至独立起着表情达意的重要作用，足以引起我们的关注。

2.目光的接触

目光是人在交往时，一种深情的、含蓄的无声语言，往往可以表达有声语言难以表现的意义和情感。"眼睛是心灵的窗口"，它在很大程度上能如实反映一个人的内心世界。一个良好的交际形象，目光应是坦然、亲切、和蔼、有神的。

当与人说话时，目光要集中注视对方。

（1）听人说话时，要看着对方眼睛，这是一种既讲礼貌又不易疲劳的方法。

（2）如果表示对谈话感兴趣，就要用柔和友善的目光正视对方的眼区。

（3）如果想要中断与对方的谈话，可以有意识地将目光稍稍转向他处。

（4）尽量不要将两眼视线直射对方眼睛，因为对方除了会以为你在窥视他心中的隐秘，还会认为在向他表示不信任、审视和抗议。但在谈判和辩论时，则不要轻易移开目光，直到逼对方目光转移为止。

（5）当对方说了错误的话正在拘谨害羞时，不要马上转移自己的视线，而要用亲切、柔和、理解的目光继续看着对方，否则对方会误认为你高傲，在讽刺和嘲笑他。

（6）谈兴正浓时，切勿东张西望或看表，否则对方会以为你听得不耐烦，这是一种失礼的表现。

3. 表情的变化

在与人谈话时，有一个良好的面部表情，能拉近两人之间的距离，消除"敌对"的情绪。

微笑与平和是脸部表情的核心。脸部表情运用时要适时、适事、适情、适度，切忌呆滞麻木、情不由衷、晦涩不明与矫揉造作。

相关链接

小心5种不恰当的肢体语言

在工作场所中，存在着大量潜在的具有误导性的肢体语言，或许在此之前你认为这只不过是件小事，但事实上，它甚至可能会影响到你的未来。所以，想要在职场中快速发展，你必须对下面这五种肢体语言说不。

1. 不适当的眼神交流

眼神交流是一门学问，不可以被随便使用。有人把眼神交流比作是一名非语言沟通的"金发女郎"，她可以充满魅力很诱人，但太多的眼神交流会被认为是一种粗鲁的行为，充满敌意而且居高临下。在商业环境中，它也可以被视为一种蓄意主导、恐吓、贬低，或让对方觉得处于劣势。但是如果眼神交流过少，却会让你显得不安、手足无措，而且缺乏诚意。

眼神交流还能传达其他的信息，刻意避免目光接触会让你看起来像是在隐瞒什么事，这令你变得十分可疑。美国人习惯性保持目光接触的时间为7～10秒，当他们在倾听别人说话的时候这个时间会稍微长一些。即使你只是中断眼神交流，都能被认为在传达一种信息，比如说你可能是缺乏自信。

当你身处一个复杂或者重要的场合时，可以保持眼神水平，不要到处乱看，这在业务展示甚至是加薪谈判中都是特别有用的。

2. 在办公桌前或会议中坐姿懒散

在工作中，你甚至不需要说一个字，而仅仅通过你肩膀和整体的姿态就传递出很多关于你的信息。如果你的肩膀看起来像是蜷成一团，你会让别人以为你不想引起注意和尊重。通过肩膀能和周围人交流许多东西，比如耸肩可能表示他正在说谎。

在工作中，尤其是金融、财会行业对员工的形象要求会比较高，当你与上司在谈话时，如果姿势状态出了问题，那么就很可能产生许多负面效应，这在职场中是十分忌讳的。

懒散是一种很不尊重别人的表现。你永远不会对你的上司说"我不明白为什么要听你的"，但如果你没精打采，你的身体就已经用响亮而清晰的语调代替你发了言。

3. 无力的握手

在握手时，你的力度需要恰到好处。判断一个握手是否足够好，需要依赖于几个因素，包括力量、热情、持续时间、眼神接触和紧握的程度。不仅如此，握手时有气无力还会让人以为你的身体出了问题。

在职场中如果握手时过于虚弱，会让人认为你缺乏权威和信心；而握手用力过大，则会被视为一种想要夺权或咄咄逼人的威胁，这两种都是非常糟糕的握手方式。你需要根据不同的场合、不同的人去决定握手的力度，但请保证你的手是稳的而不是胡乱摇动。

4. 夸张的手势

手势可以是一种非常有效而且重要的沟通方式。谈话时，完全不使用手势表示你很冷漠，而且你并非真正投入到你所说的内容中来。在谈话中让你的双手打开和手掌朝上，表明你是诚实而开放的。但有些其他的手势，却会传递出负面的信息。比如你的手臂张开到一种大得夸张的程度，有时可以说明你正在谈论的想法是抽象的。但是如果你的所有动作都是这样，你会向别人传递出你已经混乱或失控的信息。

在平时的交谈中，如果你希望你给别人留下的印象是可靠而且真实的，就需要注意控制自己手臂的动作。控制手势动作小，去表达你的领导力和自信；手势开放，张开双臂，去表达你毫无隐瞒而真诚的态度。通过这些细节，你会在职场中更好地与人沟通，无论是与上司还是下属对话，都能处于正确的立场之上，并且体现出你的良好形象。

5. 交叉双臂

交叉双臂已经成为一种防御或封闭心灵的信号。这种动作表示出人的一种焦虑,是由缺乏信任或不适应、脆弱而导致的。当然,也并非是所有的交叉双臂都传递出这样的信息。比如,姿态轻松地交叉手臂可能只是意味着这个人感觉很舒服。

从某种程度上说,交叉双臂也可能表明这个人心中正有了解决问题的思路框架。但尽管如此,如果你是身处办公室,则最好还是注意点。不管你所处的谈话是一个防守式还是封闭式的过程,都不要去交叉你的手臂。

无论是在西装革履的金融职场,还是在自由随性的IT领域,又或者是其他各行各业的公司中,我们都需要注重自己给别人留下的印象。正确合适的肢体语言有助于我们更好地与他人交流;反之,错误不当的肢体语言则会给我们的工作带来意想不到的麻烦。

正所谓细节决定成败,如果不想成为职场中的失败者,那么就拒绝以上五种肢体语言吧。

三、时刻面带微笑

在人际关系与心理沟通中,有一项最简单却很有效的沟通技巧,那就是微笑。微笑是一种极具感染力的交际语言,不但能很快缩短你和他人的距离,并且还能传情达意。当然,微笑看似简单,但也需要讲究一定的技巧,具体如下图所示。

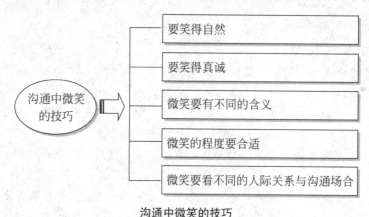

沟通中微笑的技巧

1. 要笑得自然

在人际交往与沟通中,要笑得自然。微笑是美好心灵的外观,微笑需要发自内心才能笑得自然,笑得亲切,笑得美好、得体。切记不能为笑而笑,没笑装笑。

2. 要笑得真诚

与人交往沟通时要笑得真诚。人对笑容的辨别力非常强,一个笑容代表什么意思，是否真诚，人的直觉都能敏锐判断出来。所以，当你微笑时，一定要真诚。真诚的微笑会让对方内心产生温暖，引起对方的共鸣，使之陶醉在欢乐之中，加深双方的友情。

3.微笑要有不同的含义

微笑要有不同的含义。对不同的交往沟通对象，应使用不同含义的微笑，传达不同的感情。尊重、真诚的微笑应该是给长者的，关切的微笑应该是给孩子的，暧昧的微笑应该是给自己心爱的人等。

4.微笑的程度要合适

微笑是向对方表示一种礼节和尊重，我们倡导多微笑，但不建议你时刻微笑。微笑要恰到好处，比如当对方看向你的时候，你可以直视他微笑点头。对方发表意见时，一边儿听一边儿不时微笑。如果不注意微笑程度，微笑得放肆、过分、没有节制，就会有失身份，引起对方的反感。

5.微笑要看不同的人际关系与沟通场合

微笑使人觉得自己受到欢迎、心情舒畅，但对人微笑也要看场合，否则就会适得其反。如当你出席一个庄严的集会，去参加一个追悼会，或是讨论重大的政治问题时，微笑很不合时宜，甚至招人厌恶。因此，在微笑时，一定要分清场合。

 相关链接

人际交往时善用微笑去打动人

微笑是这个世界上最美的语言。而在人际交往中，"微笑"也是制胜法宝，它可以轻而易举地拉近你和别人之间的距离。生活中，没有什么东西能比一个灿烂的微笑更能提升你的个人魅力，更能打动人心了。

一名应聘者到一家刚刚成立的公司参加应征，看到公司内部设施简陋，脸上便愁容满面，提不起精神。上司一看他的表情，便失去了继续交谈的兴趣。而另一位应聘者从进来到离开办公室，一直面带微笑。他对上司说："我如果能够来到这里工作，心里非常高兴，我一定会努力工作。"上司对他产生了好感，很快面试就通过了。

拿破仑这样总结微笑的力量："真诚的微笑，其效用如同神奇的按钮，能立即接通他人友善的感情，因为它在告诉对方：我喜欢你，我愿意做你的朋友。同时也在说：我认为你也会喜欢我的。"

即使你不善于微笑，也要强迫自己微笑。美国推销员富兰克林·贝特格就是因为善于微笑而获益良多。他的经验告诉他，一个面带微笑的人将永远受欢迎。因此，每次和别人见面之前，他总会先想想必须感激这人，然后带着微笑去和别人交谈。微笑不仅表达了你对别人的善意和信任，它还向别人暗示你值得我对你微笑。

在与人交往时，请时刻保持微笑，如同站在舞台上一样。微笑不仅能给对方留下美好难忘的印象，而且还能让自己在生活中处处获益，给别人一个浅浅的微笑，你的人脉王国就会有意想不到的收获，这实在是一桩"一本万利的好生意"。

当你要去上班的时候，请对大楼的电梯管理员微笑，请对大楼门口的警卫微笑，请对公交车的售票小姐微笑……请对你见到的所有人微笑，你很快就会发现，每个人也对你报以微笑。

四、发出悦耳的声音

人的声音是个性的表达，声音来自人体内在，是一种内在的剖白，因此，你的声音中可能会透露出畏惧、犹豫和缺乏自信，也可以透露出喜悦、果断和热情。我们说话的声音，也必须和音乐一样，只有渗进人们心中，才能达到说服别人的目的。

1.把握说话的语气

事情有轻、重、缓、急，语气有抑、扬、顿、挫。只有把握了说话语气的分寸，才能使说出的话被对方充分理解和接受，才能收到说话的预期效果。

当然，说话语气的运用要分对象，分场合，分时间。不同的情况，要运用不同的语气，这其中的分寸，就需要说话者灵活掌握了。

2.控制说话的节奏

说话要有节奏，该快的时候快，该慢的时候慢，该起的时候起，这样有起伏、有快慢、有轻重，才形成了口语的乐感和悦耳动听，否则话语不感人，不动人。口语中有规律性的变化，叫节奏。有了这个变化语言才生动，否则显得呆板。只有真正适宜的说话节奏，才会让听者舒服，且能轻松地明白你要表达的意思。

3.控制说话的语调

语调，就是说话的腔调。从严格定义上说，语调应表述为：整句话和整句话中某个语言片段在语音上的抑、扬、顿、挫，包括全句或句中某一片段的声音的高低变化、说话的快慢（即音的长短和停顿）以及轻重等。

在口语交际中，语调往往比语义能传递更多的信息，能对听众的心理产生极其微妙的特殊作用，因此也更为重要。

与人交谈时，音阶的变化会加强你的说服力，并且能够感染听者，从而产生说服力。如果你在说话时，只是抓住了字词的表面意义，那么你就只是用"借来的字词"在传达而已,你并不是个很高明的说话者。你应该把这些字词的意义充分地表达出来,并且加上你对它们的爱,你的表达才是完整的,你的感情才能充分地表露出来。

第二节 多思慎言,提升沟通的效果

说话是一门艺术,也是一种智慧。一句恰到好处的话,可以改变一个人的命运;一句言不得体的话,可以毁掉一个人的一生。掌握说话的艺术,你才能在社交和办事中如鱼得水,左右逢源,无往不利,成就成功的人生。

一、慎重地选择称呼

在日常交际中,称呼礼仪是打开交际之门的"金钥匙",合理的称呼是给交际双方的见面礼,使对方有被重视和尊敬的感觉,它可以为之后的交谈提供良好的铺垫。称呼既然如此重要,那么在交往当中就要注意慎重地选择称呼。那么在选择称呼时应该遵循什么样的原则呢?具体如下图所示。

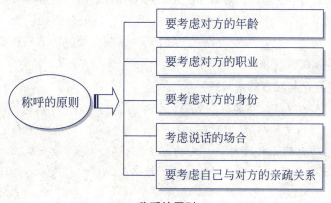

称呼的原则

1.要考虑对方的年龄

见到长者,一定要呼尊称,特别是当你有求于人的时候。

比如"老爷爷""老奶奶""大叔""大娘""老先生""老师傅""您老"等,不能随便喊"喂""嗨""骑车的""干活的"等,否则,会使人讨厌,甚至发生不愉快的口角。

另外,还需注意,看年龄称呼人,要力求准确,否则会闹笑话。

比如,看到一位三十多岁的女性就称"大嫂",可实际上人家还没结婚,这就会使人家不高兴,不如称她"大姐"更合适。

2. 要考虑对方的职业

称呼别人的时候还要考虑到别人的职业。对不同职业的人，应该有不同的称呼。

比如，对农民，应称"大爷""大娘""老乡"；对医生应称"大夫"；对教师应称"老师"；对国家干部和公职人员、对解放军和民警，最好称"同志"；对刚从海外归来的同胞、外籍华人，若用"同志"称呼，有可能使他们感到不习惯，而用"先生""太太"称呼倒会使他们感到自然亲切。

3. 要考虑对方的身份

有一次一位大学生到老师家里请教问题，不巧老师不在家，他的爱人开门迎接，当时不知称呼什么为好，脱口说了声"师母"。老师的爱人感到很难为情，这位学生也意识到有些不妥，因为她比这学生大不了多少。所以，最好的办法就是称呼"老师"，不管她是什么职业（或者不知道她从事什么职业），称呼别人"老师"都含有尊敬对方和谦逊的意思。

4. 考虑说话的场合

称呼上级和领导要区分不同的场合。在日常交往中，对领导、对上级最好不称官衔，以"老张""老李"相称，使人感到平等、亲切，也显得平易近人，没有官架子。明智的领导会欢迎这样的称呼的。但是，如果在正式场合，如开会、与外单位接洽、谈工作时，称领导为"王经理""张总"等，常常是必要的，因为这体现了工作的严肃性、领导的权威性。

5. 要考虑自己与对方的亲疏关系

在称呼别人的时候，还要考虑到自己与对方之间关系的亲疏远近。

比如，和你的兄弟姐妹、同窗好友、同一车间班组的伙伴见面时，还是直呼其名更显得亲密无间，欢快自然，无拘无束，否则，见面后一本正经地冠以"同志""班长"之类的称呼，反而显得外道、疏远了。当然，为了打趣故作"正经"，开个玩笑，也是可以的。

> **沟通密码**
>
> 在与多人同时打招呼时，更要注意亲疏远近和主次关系。一般来说以先长后幼、先上后下、先女后男、先疏后亲为宜。

在交际过程中，称呼往往是传递给对方的第一个信息。不同的称呼不仅反映了交际双方的角色身份、社会地位和亲疏程度的差异，而且表达了说话者对听话者的态度和思想感情，而听话者通过对方所选择的称呼形式可以了解说话者的真实意图和目的。恰当的称呼能使交际得以顺利进行，不恰当的称呼则会造成对方的不快，为交际造成障碍。为了保证交际的正常进行，说话者要根据对方的年龄、职业、地位、身份，以及同对方的亲疏关系和谈话场合等一系列因素选择恰当的称呼。

相关链接

职场称呼如何"避雷"

不同的企业、公司有着不同的要求。例如，欧洲和美国的一些企业，对上司和同事的称呼比较宽泛，为了不拉近上司和同事间的距离，在公司中会直接称呼彼此的英文名字。但是，国内的很多企业、公司对称呼是很讲究的。为此，职场称呼要"八大注意"。

（1）新人报到后，首先应该对自己所在部门的所有同事有一个大致了解，弄清楚每个人的职位。

（2）对自己的上级，可以直接称呼其职位，如张经理、王主任等。

（3）在称呼多位上级时，一定要从职位高的向职位低的逐一称呼，如李总经理、张经理。

（4）公司中多位上级都在时，称呼的时候，一定要把每位上级的职位分开称呼，如刘总、肖总、杨总。

（5）在称呼的时候，一定要面带微笑，眼睛直视（但不是死瞪）对方，表现要有礼貌。

（6）才入职的新人一定要自然大方，不要太做作。

（7）新人入职最好问问身边同事，弄清楚他们的职位，以便正确地称呼对方。

（8）如果对其称呼不清楚，可以礼貌地问对方："先生（女士），我是新来的，不知道该怎么称呼您？"

二、巧妙地介绍自己

在日常的交往中，人与人之间的交流都有第一次，自我介绍常常是在所难免的。做自我介绍时，不仅要介绍自己的姓名、籍贯、职业、兴趣爱好等基本内容，还应该更好地把自己的精神风貌、文化修养等呈现给对方，给对方留下深刻的印象，使他对自己了解得更全面。

比如："我叫××，是北京××大学计算机专业的毕业生。毕业后，在××公司作技术工程师。从2003年至今，我开始自主创立××公司。这些年来，我们公司一直致力于研发××电子加工方面的先进技术，对××电子的品种、规格、型号、质量、工艺流程、销售情况也比较熟悉,有一定的管理经验。我今年35岁,正是年富力强的时期,很想干一番事业。我本人做事果断,敢于拍板,敢于负责。只要给我一个机会及期限,我保证我的团队就能把全部情况弄清楚,拿出针对该产品的具体方案。"这是××公司的××在参加某公司电子产品生产投标时所做的自我介绍。

以上的介绍较为具体、详尽,既全面介绍了自己的学历、经历、兴趣、专长、能力和性格,又表示了自己的愿望和信心,因而赢得了该招标公司的初步信任,为后来的中标打响了"第一炮"。

在做自我介绍时,应注意下图所示的事项。

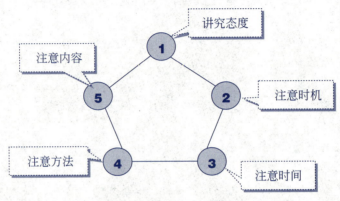

做自我介绍的注意事项

1.讲究态度

态度一定要自然、友善、亲切、随和。应镇定自信、落落大方、彬彬有礼。既不能唯唯诺诺,又不能虚张声势,轻浮夸张。表示自己渴望认识对方的真诚情感。任何人都以被他人重视为荣幸,如果你态度热忱,对方也会热忱。

语气要自然,语速要正常,语音要清晰。在自我介绍时镇定自若,潇洒大方,有助于给人以好感;相反,如果你流露出畏怯和紧张,结结巴巴,目光不定,面红耳赤,手忙脚乱,则会为他人所轻视,彼此间的沟通便有了阻隔。

2.注意时机

要抓住时机,在适当的场合进行自我介绍,对方有空闲,而且情绪较好,又有兴趣时,这样就不会打扰对方。

3.注意时间

自我介绍时还要简洁,言简意赅,尽可能地节省时间,以半分钟左右为佳。不宜超过一分钟,而且越短越好。话说得多了,不仅显得啰嗦,而且交往对象也未必记得住。为了节省时间,做自我介绍时,还可利用名片、介绍信加以辅助。

4.注意方法

进行自我介绍时,应先向对方点头致意,得到回应后再向对方介绍自己。如果有介绍人在场,自我介绍则被视为不礼貌的。应善于用眼神表达自己的友善,表达关心以及沟通的渴望。如果你想认识某人,最好预先获得一些有关他的资料或情况,诸如性格、特长及兴趣爱好。这样在自我介绍后,便很容易融洽交谈。在获得对方的姓名之后,不妨口头加重语气重复一次,因为每个人最乐意听到自己的名字。

5.注意内容

自我介绍的内容包括下图所示的三项基本要素。

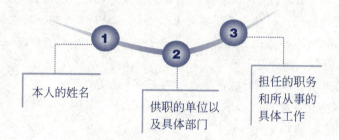

自我介绍的三项基本要素

这三项要素,在自我介绍时,应一气连续报出,这样既有助于给人以完整的印象,又可以节省时间,不说废话。要真实诚恳,实事求是,不可自吹自擂,夸大其辞。

三、真诚地赞美对方

职场环境当中,上到领导,下至同事间各种复杂的人际关系,为什么很多人疲于应付,有的人却可以游刃有余?这是因为他们掌握着许多职场人际沟通的技巧,学会赞美就是其中之一。

真诚的赞美如同职场中的和风絮语、令人愉快的催化剂,散发着难以想象的动力。赞美是发自内心的、真诚的、自然而然的善意行为,不需要你绞尽脑汁,处心积虑,但你也应掌握一些其中的奥秘。

1.要真诚地赞美对方

小敏剪了一个新发型,她把一头蓄了几年的披肩长发剪成了齐耳短发,同事们都齐声称赞她的短发清爽和简洁,小敏在这鼓励声之中,对理发师的怨气一股脑儿全消了。"当时我剪完头发,觉得一点儿都不像我理想中的模样,气得我当时就想跟他吵一场,找他理论,怎么给我剪了这样的发型?这不愉快的心情带到了今天上班，甚至有一个客户来找我，我当时还有些气在心里，平时对客户很有礼貌的，今天不知怎么就看那个客户不顺眼！差点跟他发火，但听了这些好听话，不知不觉气就消了，心里也觉得顺畅了，看客户也觉得顺眼了，真希望你们天天说让我开心的话！"

赞美对方要有发自内心的真情实感，这样的赞美才不会给人虚假和牵强的感觉。带有情感体验的赞美既能体现人际交往中的互动关系，又能表达出自己内心的美好感受，对方也能够感受你对他真诚的关怀！

2. 要符合当时的场景

小丽自己经营一家公司，每天接待客户，还要管税务和财物，忙得不可开交。一照镜子，面容憔悴，几个重要的客户还没有确定，生活真是让她忙得没有照顾自己的时间，一丝伤感悄然袭上心头。同事小军看到她的眼神和举动，从中读出了她的感伤，走上前去，递给她一杯香浓的咖啡，"休息一会儿，小丽，你永远是最美丽和能干的！"

小丽喝下了咖啡，同时也在品尝着同事的一份关怀之情。

一句简单的赞美之词吹散了小丽心头的阴影，只需要一句就够，此情此景之时，和对方的想法合拍。

3. 用词要得当

小余是个业务员，出去见客户，客户不是拒绝，就是给他一副冷脸，让他一腔热情化为湿冷的汗水，回到办公室他就一脸的沮丧，看见同事，说话也没好气，女同事小娟跟他打招呼，问候他的近况，他也爱答不理的。

"呦，这是怎么了，遇上什么不顺心的事了？"

"一边儿去，少理我！"

"什么事情让我们的小余这么难受啊？"

"小余，有什么用呢？还不是照样遭人拒绝！"

"小余，你放心，我永远不会拒绝你！"

"听你这话我心里真受用！"

一句简单的赞美化解了小余一天的疲劳和失败感。

注意观察对方的状态是很重要的一个过程，如果对方恰逢情绪特别低落，或者有其他不顺心的事情，过分的赞美往往让对方觉得不真实，所以一定要注重对方的感受。

4. 场合也很重要

当大家都在夸某个同事时，你即便是不想随声附和，也不能表现得很冷淡，同事可能会认为你对他有看法。

"凭你自己的感觉"是一个赞美别人的好方法，每个人都有灵敏的感觉，也能同时感受到对方的感觉。要相信自己的感觉，将其恰当地运用在赞美中。如果我们既了解自己的内心世界，又经常去赞美别人，相信我们的人际关系会越来越好。

一句恰到好处的赞美能重新激发我们工作的热情，听到赞美的话语时，就会觉得自身价值得到了肯定，自身的工作能力得到了认同，这样，才能产生一种不断前行的力量，更积极地工作。日积月累，你的职场关系、薪酬福利等便会得到显著提高，而你周围的同事和上司也会因为你而变得更快乐，你的事业也会在这种欢声笑语的氛围中迅速发展开来。

相关链接

怎样赞美别人效果最好

美国心理学家威廉·詹姆斯指出："渴望被人赏识是人最基本的天性。"赞美他人是一件好事，但绝不是一件易事，开口前我们一定要审时度势，让自己的言行成为成功交流的润滑剂。

1. 赞美要说小细节

美国管理学家内梅罗夫博士建议，赞美他人时最好回想某一特定情况，描述出具体的行为。夸赞别人越具体越好，说一百遍"你真漂亮"，不如说一句"你今天的衣服搭配得很时尚"。

2. 指出别人的变化

付出努力之后，每个人都希望能得到肯定。细心的人会留意这种小改变并及时指出，比如"你最近减肥很成功""这个设计做得真不错"等，这会给对方一种你很在乎他的感觉。

3. 拿自己作对比

如果把自己作为参照物，会显得格外真诚。比如告诉对方，他帮你挑选的东西比上次你自己买的要好，对方一定会感到莫大的鼓舞，增加对你的好感。

4. 背后夸赞效果好

背后颂扬别人的优点，比当面恭维更为有效。把对别人的赞许在与朋友闲聊时提几句，这些话通过朋友传到对方耳朵里，他一定会相信你的赞美是真诚的。

5. 回应别人的得意之事

人们说到得意的事情时，希望得到及时的回应。此时，给予适当的赞美恰到好处，可以通过"我也觉得很不错"等，表达自己的敬佩和感叹。

四、简洁地表达观点

说话没有重点,絮絮叨叨半天,容易使人产生反感,简洁地说话,是一门艺术,可以节省时间,轻松与人交流。

说话简明扼要不仅可以节省时间,还会使你的听众感觉到你的自信心。当你使用很多不必要的词语时,听起来就像你想掩饰什么,或者对你自己说的话没有把握。那么,我们该如何锻炼我们的语言呢?这就要做到措辞简洁,具体要求如下图所示。

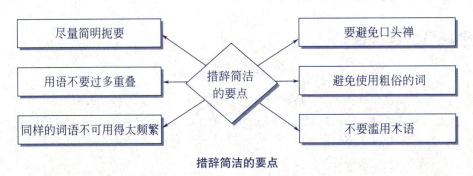

措辞简洁的要点

1.尽量简明扼要

说话越简明越好,有些人在叙述一件事情时说了很多话,但还是无法把他的意思表达出来,以致听者花了很多时间和精力,仍然不知道他想说明什么东西。如果你有这种毛病,一定要自己矫正。矫正的最好办法是,在说话之前,先在脑子里做一个初步的计划,然后再把计划要说的东西讲出来。

2.用语不要过多重叠

在汉语里,有时的确要使用叠句来引起别人的注意,或者加强语气。但是,如果滥用叠句,就会显得累赘。

比如,许多人在疑惑不解的时候常常会说:"为什么为什么?"其实,一个"为什么"就足以表达你的疑惑之情,为什么偏要多加一个呢?还有的人答应别人一件事情的时候,常常说"好好好",一连说上好几个。其实,说一个"好"字就足够了。

3.同样的词语不可用得太频繁

听者总希望说者的语言丰富多彩。我们虽然不必像某些名人所说的那样,每说一事都要创造一个新词汇,但也应该在许可的范围内尽量使表达多样化,不要把一个名词用得太频繁。即使是一个非常新奇的词,如果你在几分钟之内就把它复述了好几次或十几次,那么人们对它的新奇感会丧失,并对它产生一种厌倦感。

4.要避免口头禅

有些人在交谈中爱说口头禅，诸如"岂有此理""我以为""俨然""绝对的""没问题"一类的话几乎是脱口而出。不管这些话是否与所说的内容有关联，这类口头禅说多了，不仅影响说话的效果，而且容易被别人当作笑柄。因此，这类口头禅应下决心不说。

5.避免使用粗俗的词

常言道："言语是个人学问品格的衣冠。"一个相貌堂堂、看上去高贵华丽的人，如果一开口就说出粗俗不堪的话，那么别人对他的敬慕之心就会马上烟消云散。其实，这些人中的相当一部分并非学问、品格不好，只是在追求语言的新奇和俏皮的过程中染上了这种难以更改的坏习惯。试想一想，在一个陌生人面前，你说了粗俗的话，他会怎么想呢？他不一定会认为这是一个习惯问题，而可能会认为你是一个修养不足、不可交往的人。

6.不要滥用术语

粗俗的词不可用，太深奥的词如专用术语也不可多用。如果不是同一个学者讨论学术问题或不得不用，过多地使用专业术语，即使你使用得很恰当，也会给别人以故弄玄虚的感觉。

> **沟通密码**
>
> 如果你在说话时能措辞简洁、生动、高雅而又贴切，那么就可能会成为一位交际明星、说话好手。

简洁能使人愉快，使人喜欢，使人易于接受。说话冗长累赘，会使人茫然，使人厌烦，而你则会达不到目的。简洁明了的清晰声调，一定会使你事半功倍。人们交流思想、介绍情况、陈述观点的时候，为了能够使对方更快地了解自己的说话意图，领会要领，往往是用高度凝练的语言。

但是，应该注意的是，说话简洁要从实际效果出发，简得适当，恰到好处。否则，硬是掐头去尾，只能捉襟见肘，挂一漏万，得不偿失。

 相关链接

把话说明白的五个技巧

说——尤其是演讲，在很大意义上是一种"一次性艺术"，为什么？因为演讲者"只能"说一次，听众也"只能"听一次，自然，那种只要听一遍就能听明白的"说"，肯定是高明的"说"。

那么，怎样才能说一遍就让人听明白呢？显然，说得通俗易懂些就是一条有效的思路。这个道理并不难论证，"通俗"了，不故弄玄虚，才能产生更大的亲和力；"易懂"了，听起来不费劲儿，这才谈得上立竿见影的效果。

为了做到通俗易懂，下列方法可供参考。

1.巧用对比

请听一位老师讲分解法时的"妙侃"。

所谓分解法，就是把一个比较遥远的大目标分解为若干个、十分具体的小目标，然后一一完成，各个击破。

比如有两块长短和大小皆一样的麦田，甲乙两人将要在这里比赛收割小麦，看谁割得快，甲的做法是，先在麦田里插十面红旗，每隔三米插一面，然后开始收割。由于一面面旗帜代表着一个个并不遥远的十分亲切的目标，因此始终有一种成功在望的感觉，干起来总觉得浑身是劲，很快就完成了任务。

乙的麦田里则没有插小红旗，乙就这么低着头拼命地割，由于总觉得目标还远，干着干着也就渐渐地有了一种挺无奈的感觉，结果速度慢，失败了。

这说明巧妙的分解的确有用，它的确能使人生活在成功在即的希望之中，既然如此，当我们面对一个虽然宏伟却又有点遥远的大目标时，不妨先来个巧妙的分解，一步步走向小目标，直到朝气勃勃地奔向终极目标。

2.巧打比方

有一次，为了说明"量变足以导致质变"的道理，有位哲学家就曾"打"了一个这样的"比方"。

杭州西湖岸边有一座雷峰塔。这塔原本高大巍峨，不料迷信的人们知道塔底下压着妖精白蛇，以为这塔上的砖一定能避邪，就在游塔时悄悄地挖走一块砖，就这么你也挖我也挖，一年一年地挖着，使塔基变得越来越虚弱。

终于到了那么一天，就在某位游人挖走一块砖后，塔轰然一声倒了。注意，这轰然倒掉的一刹那就叫"质变"——因为塔已经变成了废墟。而人们一块砖一块砖地挖砖的过程则是"量变"——虽然量变是在悄悄进行的，但它导致的结果却足以让人刮目。

显然，上述关于量变质变的道理之所以被哲学家"说"得如此好懂，就是因为这里有一个极传神的比方，"打比方"的威力，由此可见一斑。

3.巧妙提问

比如，为了说明"适度是美"，有位老师曾这样提问。

有句古诗："小荷才露尖尖角，早有蜻蜓立上头。"你想过这里的蜻蜓应该是几只吗？

显然，是一只！而且只能是一只！为什么？因为只有一只，这一只才格外亮丽，格外活泼，格外显眼。如果不是一只而是一群，乱哄哄的很多，岂不是反而败兴？

显然，这里的提问就能引发听众的注意，这里的联想就能启发听众的思考，有助于"说者"的"说"向深层次前进。当然了，用来提问和引发联想的话题，必须是通俗的大众化的，最好是人们耳熟能详的，这样才不会有陌生感、距离感，才能引起听众的共鸣。

4.妙用夸张

请听下面这段批评贪婪的话。

贪得无厌是一种丑，其特点是能捞就捞。这种能捞就捞的丑态，就像民间小戏《小住家》所描绘的，一个小媳妇回了一次娘家，临走时就使劲地捞了一把，请看她的模样。

"当腰围上半截布，身边系上两绺麻，三把漏勺胸前别上，背后再插把掏灰耙，下蛋的母鸡揣怀里，裤带上结把毛驴拉，左手拿葱右手拿蒜，豆角夹在手桠巴，茄子拴绳耳朵上挂，大萝卜连根肩膀上搭，柿子辣椒装袖筒，嘴里含着根大黄瓜，天！这哪是媳妇回娘家，分明是鬼子扫荡进村了！"

瞧！这就是贪婪！比"鬼子进村"还可怕！

细品这段"说"，果然极富表现力，而之所以如此，不正是因为说话者恰到好处地引用了一段极富表现力的极夸张的民间戏文吗？

5.妙用古诗

请听一位美学家对"美"的解说。

在关于"美"的众多定义中，有一个定义既朴实又深刻，这个定义就是："适度即美"。什么意思？即美就是"不多不少"！美就是"恰到好处"！

比如人们着装时，常将浅色衬衣的领子翻出来，使之与深色的外衣形成一种色调上的对比，形成反差。

不过千万小心，这种浅色的领子"只能"是一个，如若翻两三个出来或者更多，则只会使人感到俗不可耐！注意，这个"只能翻一个而不能翻多个"的道理，就叫作"适度为美"。

平心而论，这就是一段成功的通俗易懂的说，听起来一点儿也不吃力，而且听一遍就记住了，就理解了。换言之，类似这种把深奥的道理说得"平易近人"的"说"，才叫通俗易懂。

通俗易懂地"说"或者把话"说"得通俗易懂，乃是提升"说"的质量的重要途径。也只有如此才能达到说话的目的，如果你说的话别人不能很好地理解或者不能记住，那你说了有什么用呢？

第三节　机智幽默，调节沟通的气氛

幽默是智慧的体现，在平时交往中，如果能使用些幽默诙谐的语言，会取得出人意料的效果，不仅能活跃气氛，而且还能很好地表达自己的观点和思想。

一、幽默的表达技巧

通过说话，别人能知道你是一个怎么样的人，但是这个说话你要讲技巧，同样一句话如果换个方法可能会让人家接受得更舒服，幽默说话的人会更容易受欢迎。那么，幽默有什么表达技巧呢？具体如下图所示。

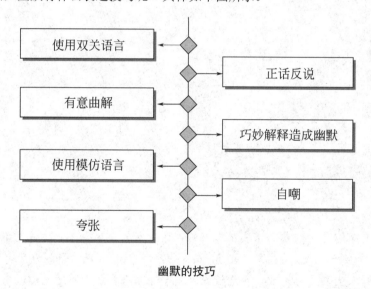

幽默的技巧

1. 使用双关语言

所谓双关，也就是你说出的话包含了两层含义：一个是这句话本身的含义；另一个是引申的含义，幽默就从这里产生出来。也可以说是言在此意在彼，让听者不单单只从字面上去理解，更重要的是能领会言外之意。

周末，王太太和丈夫在一家饭店就餐时，发现汤里有一只苍蝇，王太太的丈夫非常生气。他大声质问服务员："这一碗汤究竟是给苍蝇的还是给我的，请给我解释。"服务员无法解释，只能找来经理。

经理来了，眼看着争吵在即，王太太先让丈夫消消气，她轻声对经理说："对不起，请您告诉我，我该怎样对这只苍蝇的侵权行为进行起诉呢？"

经理了解情况后，立即向他们赔礼道歉，并重新换来一碗汤。

一场可能发生的争吵就这样被王太太巧妙地化解了,她没有对经理纠缠不休,而是借用所谓苍蝇侵权,一语双关地表达了自己的观点,这样自然就十分幽默风趣又十分得体地化解了双方的窘迫。

2. 正话反说

说出来的话,所表达的意思与字面完全相反,就叫正话反说。如字面上肯定,而意义上否定;或字面上否定,而意义上肯定。这也是产生幽默感的有效方法之一。

有一则宣传戒烟的公益广告,上面完全没提到吸烟害处,相反却列举了吸烟的"四大好处"。

一可省布料:因为吸烟易患肺痨,导致驼背,身体萎缩,所以做衣服就不用那么多布料。

二可防贼:抽烟的人患气管炎,通宵咳嗽不止,贼以为主人未睡,便不敢行窃。

三可防蚊:浓烈的烟熏得蚊子受不了,只得远远地躲开。

四永葆青春:不等年老便可去世。

这里说的吸烟的"四大好处",实际上是吸烟的坏处,却显得很幽默,让人们从笑声中悟出其真正要说明的道理,即吸烟危害健康。

3. 有意曲解

所谓曲解,就是歪曲、荒诞地进行解释,以一种轻松、调侃的态度,对一个问题进行广泛的解释,将两个表面上毫不沾边的事物联系起来,造成一种不和谐、不合情理、出人意料的效果,从而产生幽默感。

一位妻子抱怨她的丈夫说:"你看邻居马先生,每次出门都要吻他的妻子,你就不能做到这一点吗?"她丈夫说:"当然可以,不过目前跟马太太还不太熟。"

这位妻子的本意是要她的丈夫在每次出门前吻自己,而丈夫却有意思地曲解为让他吻马太太,这便产生了幽默。

4. 巧妙解释造成幽默

英国著名女作家阿加莎·克里斯蒂同比她小13岁的考古学家马克斯·马温洛结婚后,有人问他为什么要嫁给一个考古学家?她幽默地说:"对于任何女人来说,考古学家是最好的丈夫。因为妻子越老他就越爱她。"

这一巧妙的解释,既体现了阿加莎·克里斯蒂的幽默感,又说明了他们夫妻关系的和谐。

5. 使用模仿语言

即模仿现存的词、名、篇、句式及预期而创造新的语言,是幽默方式中很常见的一种,往往借助于某种违背正常逻辑的想象和联想,把原来的语言要素用于新的语言环境中,造成幽默感。

一位女教师在课堂上提问："'要么给我自由，要么让我去死'这句话是谁说的？"过了一会儿，有人用不熟练的英语答道："1775年，巴特利克·亨利说的。"

"对，同学们，刚才回答问题的是日本学生，你们生长在美国却回答不出来，而来自遥远的日本的学生却能回答，多么可怜啊！"

"把日本人干掉！"教室里传来一声怪叫。女教师气得满脸通红，问："谁？这是谁说的？"

沉默了一会儿，有人答道："1945年，杜鲁门总统说的。"这位同学模仿她的老师的提问作了回答，从而产生幽默效果。

6.自嘲

幽默的一条重要的原则，就是宁可取笑自己，绝不轻易取笑别人。海利·福斯第曾经说过："笑的金科玉律是，不论你想笑别人什么，先笑自己。"自嘲，也是自知、自娱和自信的表现，本身也是一种幽默。

英国作家杰斯塔东身材很胖，由于体积过大，行动往往不太方便。但他也像罗幕洛不以矮为耻，"愿生生世世为矮人"一样，不以胖为耻。有一次他对朋友说："我是个比别人亲切三倍的男人。每当我在公共汽车上让座时，便足以让三位女士坐下。"这种轻松愉快的自嘲，创造了轻松愉快的幽默，同时又表现了杰斯塔东的高度自信。

7.夸张

将事实进行无限制的夸张，造成一种极不协调的喜剧效果，也是产生幽默的有效方法之一。

马克·吐温有一次坐火车到一所大学讲课。因为离讲课的时间已经不多了，他十分着急，可是火车却开得很慢，于是幽默家想出了一个发泄怨气的办法。

当列车员过来检查票时，马克·吐温递给他一张儿童票。这位列车员也挺幽默，故意仔细打量，说："真有意思，看不出来您还是个孩子啊！"

幽默大师回答："我现在已经不是孩子了，但我买火车票时还是孩子，火车开得实在太慢了。"

火车开得很慢的确是事实，但绝不至于慢到让一个人从小孩长成大人。这里便是将慢的程度进行了无限制的夸张，产生了特殊的幽默效果，令人为之捧腹。

二、掌握幽默的分寸

掌握幽默的分寸是非常重要的。轻松幽默地开个得体的玩笑，可以松弛神经，活跃气氛，营造出一个适于交际的轻松愉快的氛围，因而幽默的人常常受到人们的欢迎与喜爱。但是，玩笑一旦开得不好，幽默过了头，效果就会大打折扣。

那么，职场中人该如何把握幽默的分寸呢？可参考下图所示的方法。

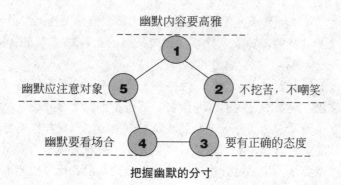

把握幽默的分寸

1. 幽默内容要高雅

幽默的内容取决于幽默者的思想情趣与文化修养。只有内容健康、格调高雅的幽默，才能给人以启迪和精神享受，也有利于对自己美好形象的成功塑造。幽默内容粗俗或不雅，有时也能博人一笑，但过后就会感到乏味无聊。

2. 不挖苦，不嘲笑

不要挖苦和嘲笑别人，不要去模仿别人的动作和讲话来加以取笑。无休止的幽默，反而会失去幽默的魅力。幽默的语言应该是很精炼的，不要唠唠叨叨，啰啰嗦嗦，说个没完，不要一味的滑稽俏皮，无止境的幽默，只会让你落得一个"小丑"的名声，有损你的形象。

3. 要有正确的态度

幽默态度要友善。装腔作势、揭人隐私、笑里藏刀、指桑骂槐、牵强附会、含糊其辞、低级庸俗、油腔滑调等，都是说幽默笑话的大忌。幽默的过程，是感情互相交流和传递的过程。不能借幽默来对别人冷嘲热讽，发泄内心厌恶和不满感情，这种玩笑就不能称为幽默，别人一定会认为你不够尊重他人，以后也不会愿意和你继续交往。

4. 幽默要看场合

日常生活中，有许多场合可以说幽默的笑话，如午间休息，乘船候车，酒前宴后闲聊等。但在严肃的场合、庄重的会议或葬礼等一些场合则不宜说幽默的笑话。在婚礼的宴席上，可以就新郎和新娘的恋爱轶闻说些幽默而带有启示意味的话，但不要以新郎和新娘的长相、年龄或隐私等敏感的问题作为笑料来大肆宣扬，那是令人不快的。一旦发现幽默不能令大家高兴，或者把别人带到愉快的气氛里，你就要收住。

5. 幽默应注意对象

不是什么人都可以说幽默笑话的，要区分不同的性别、身份、地位、阅历、文化素养和性格。一般来说，在熟人、同乡、同学、老同事、老部下之间，说些幽默风趣的话,即使玩笑开得有些过火也无伤大雅。但如果是上级、名人、长者、陌生人、女性尤其是妙龄少女、性格忧郁或孤僻的人、对工作或职业不满的人,一般不宜随便开玩笑,否则会适得其反。

　　我们身边的每个人,因为身份、性格和心情的不同,对幽默的承受能力也有差异。一般来说,晚辈不宜同前辈开玩笑;下级不宜同上级开玩笑;男性不宜同女性开玩笑。在同辈人之间开玩笑,要注意对方的情绪信息和性格特征。如果对方性格外向,能宽容忍耐,幽默稍微过大也无妨;若对方性格内向,喜欢琢磨言外之意,幽默就要慎重了。对方尽管平时生性开朗,但若恰好碰上不愉快或伤心之事,就不能随便与之幽默;相反,对方性格内向,但正好喜事临门,此时与他开个玩笑,幽默的氛围也会立刻凸显出来。

三、勿闯幽默的禁区

　　凡事都要有个分寸,幽默也要适"度"。如果过了度,做出了有失礼节的事,则其效果肯定也会适得其反。因此,应掌握恰如其分的尺度,还要因时、因人、因地和因内容而定,避免误入禁区。具体如下图所示。

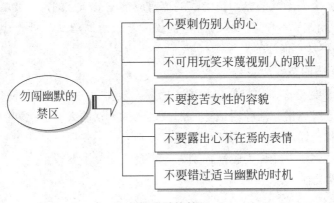

勿闯幽默的禁区

1.不要刺伤别人的心

　　如果玩笑可能刺伤在座的任何一个人的话,你还是不要说出来的好。因为受到伤害的人会因为别人的笑声,内心更为难受,甚至对你产生怨恨。固然,当你事先注意这点的话就不会伤害到任何人,但有时你可能会有所疏忽,说出口后才猛然想到:糟了,这个玩笑刺伤了某人!尤其是当你刺伤的对象是在座的中心人物时,还可能引起第三者的不满。

2.不可用玩笑来蔑视别人的职业

　　玩笑不应含有蔑视别人职业的成分存在,如果你拿来开玩笑的职业和对方的职业无关的话，那倒还不要紧。比如，你在一个推销员前面开糖果业商人的玩笑。如果你开玩笑的职业正是对方的职业，那就不高尚了。一般人虽未必对自己的职业不满，可是和人谈到自己的职业时，总是要客气一些，以表示自己的职业不如对方。

3.不要挖苦女性的容貌

若对方同是女性，尤其是妙龄少女的话，那么你的玩笑只会使得对方感到厌恶而已，对方甚至会对你的人格大打折扣。

4.不要露出心不在焉的表情

当大家聚集在一起时，人们一定会表现出各种表情，那时，总不能当别人都笑成一团时唯独你板着面孔。板着面孔只不过是心不在焉的表情，因为你不笑会破坏整个场所的气氛。因此，即使你觉得并不够好笑，也应笑一笑，以表示你的赞赏。这本身就表现了你对幽默的融合和理解。一旦大家笑出声后，整个场面的气氛就会变得更融洽，大家的心情变得更轻松，接下来一旦你再表现出幽默，则一定会产生更好的效果，于是受惠的还是你自己。

5.不要错过适当幽默的时机

幽默的效果与把握适当的时机具有密切的关系。当你和别人在谈话中，脑海里突然浮现出一句幽默的话题时，本来你想说出来，然而，你又突然想到："我说出来会使对方感到好笑吗？"于是犹豫了一下而错失良机。要记住：一有灵感就要立刻毫不犹豫地说出来，否则时机一过，纵使后来说出，效果也要减半了。

相关链接

与同事开玩笑学会把握尺度

1.千万不要开上司的玩笑

即便你和上司以前是同学或是好朋友，也不要自恃过去的交情和上司开玩笑，特别是有别人在场的情况下，更要注意。

2.不要以同事的缺点或不足作为玩笑的目标

不要拿同事的缺点或是不足开玩笑。你以为你熟悉对方，便可随意取笑对方的缺点，但这些玩笑却非常容易被人觉得你是在冷嘲热讽，倘若对方是个比较敏感的人，你会因一句无心的话触怒他，以至于毁掉两个人的友谊，或使同事关系变得紧张。

3.不要和异性同事过分开玩笑

有时候在办公室开玩笑可以调节紧张的工作气氛，异性之间开玩笑也能缩近距离。但要注意玩笑不可太过，尤其是在异性面前讲黄色笑话，这会降低自己的人格，也会让异性认为你的思想不健康。

4.莫板着脸开玩笑

到了幽默的最高境界，往往是幽默大师自己不笑，却能让别人笑得前仰后合。但在生活中我们都不是幽默大师，很难拿捏到位，那你就不要板着面孔和人家开玩笑，免得引起不必要的误会。

5.不要总和同事开玩笑

开玩笑要掌握好尺度，千万不要大大咧咧的总开玩笑。时间久了，在同事面前就显得不庄重了，同事们也不会尊重你；在领导面前，你也不够成熟、踏实，领导就不会再信任你，不能对你委以重任，这样得不偿失。

第四节　委婉含蓄，达成沟通的目的

委婉含蓄的语言，更容易被别人接受，更能表现出对别人的尊敬，达到有效交流，沟通思想的目的。很多时候，委婉含蓄胜过口若悬河。在社会交际生活中，处处需要委婉含蓄的交谈。学会含蓄，懂得委婉，可增强你的交际效果。

一、委婉拒绝的技巧

无论是在日常生活中，还是在职场中，我们常常会遇到他人的盛情邀请或无理要求，话说得太轻，达不到拒绝的目的；说得太重，又会伤害对方的感情。这时候就需要学会说"不"，掌握如下图所示的巧言相拒的技巧，把拒绝所带来的遗憾降到最低限度。

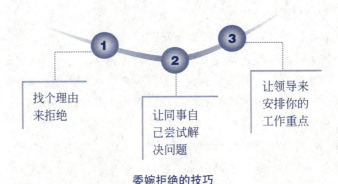

委婉拒绝的技巧

1. 找个理由来拒绝

拒绝他人,得有个理由。倘若"无理"拒绝,就显得"不通情理";方法不对,又缺乏"人情味儿"。这时,我们不妨试试"婉陈事由"的方法,即在拒绝他人的时候,委婉地向对方陈述客观事实,摆出正当理由,表达含蓄又不伤人,取得相互理解、相互体谅的良好效果。

 案例赏析

巧言婉拒老同学

一天,小芹的好友小芳打电话来求助:"小芹,有个事儿要拜托你。""什么事啊?""哎,我男朋友要给日本客户做批东西,但说明书全是日文,正巧你是学日文的,帮他看看呀?"

小芹很清楚,专业说明书的翻译不是个简单的活儿,更何况这阵子手头工作又多,于是考虑了一会儿,非常客气地说:"并不是我不愿意帮忙,你知道的,产品说明书这种东西很专业,我在大学学的不是专业翻译,这些年又没接触过,那点知识早还给老师了,凭现在这水平恐难胜任啊。""别谦虚,你在大学的时候可是我们班最优秀的,我对你很有信心。""可我对自己没信心啊,要是平时还好点儿,这段时间公司经常加班,急着赶一个策划书,我可是奋战了三天三夜啦,忙得一塌糊涂,现在一看文件就头疼。我想你男朋友的文件一定非常重要吧,为了不耽搁事儿,建议还是找翻译公司做比较合适。"

小芳想了想说:"嗯,也是,专业翻译确实是件棘手的事,那就让他交给翻译公司做好了。你啊,别太累了,要注意休息,保重身体!"

【点评】

面对小芳的请求,小芹分三步进行巧妙地推脱:先是坦言相告"产品说明书这种东西很专业",而自己又是"非专业"出身,水平差,难以胜任,说得很谦虚;面对小芳的"纠缠"和穷追不舍,小芹又摆出客观原因,"这段时间公司经常加班,急着赶一个策划书……"委婉地陈述事由,说得很实在;"为了不耽搁事儿",小芹还建议小芳去找翻译公司,说得很真诚。

小芹这番婉拒的话,不刺耳、不伤人,在理又得体,小芳自然不忍心再给她增添麻烦,便愉快地接受了建议,并且叮嘱小芹"要注意休息,保重身体"。

2. 让同事自己尝试解决问题

小静是一家公司市场部的职员,前段时间,公司新招了几个员工,由于是新手，因此很多事情都需要小莉帮忙。小莉说，自己帮忙带新人是应该的，但部门领导交代了一些基本性工作给新人后，小莉的烦恼也来了。因为小莉的性格比较开朗，新员工觉得她好相处，有了困难更是愿意找小莉帮忙。一开始，小莉还挺热心帮忙的，但到了后来，帮新人的忙影响到了小莉自己手头的工作，不仅自己的工作思路往往被新员工的请求给打断，而且影响到了小莉自己工作的进度，甚至有时候，她需要加班才能完成自己的工作。虽然小莉被这样的情况所"绑架"，但每当新员工请她帮忙时，她又实在说不出"不"。

像小莉这样的职场"老好人"往往不懂得拒绝他人，认为拒绝他人会损自己面子，还会伤害他人的感情，在"两败俱伤"的情况下，他们往往会选择只伤害自己。其实，懂得拒绝他人也是一个成功职场人士需要具备的技能。拒绝他人但又不伤感情，需要讲究拒绝的方法。遇到小莉这样的情况，可以微笑地委婉拒绝，并告诉同事自己有很多事情要处理，让新员工自己尝试解决。这样，不但可以成功脱身，而且也不会破坏同事关系。

3. 让领导来安排你的工作重点

相比拒绝同事，拒绝领导可能更让人头疼了。一般职场人士面对领导提出的要求往往会无条件接受，不论是安排大量工作，还是加班，甚至是安排你完成别人的工作，很多人都只好硬着头皮答应，这仿佛成了一种惯性。但有时候，随着你完成以上工作后，安排给你的工作量会越来越大，剥夺了你的休息时间，而且久而久之领导会认为这是你分内的事，下次完成不了，反而会挨批。

要拒绝领导的安排时，首先要肯定这一安排，多分配工作给你，说明领导器重你。然后就可以摆出自己手头的工作，工作的重要程度和时间先后，说明如果要完成额外工作会耽误现在手头的工作，请领导来决定如何处理。这样做既尊重了领导，又说明了情况，不会让领导觉得你推卸责任，也能摆脱工作量越来越多的困境。

 相关链接

如何委婉地拒绝领导

领导的安排与自己的计划完全不同，按领导的安排做吧，自己的计划完全被打乱，不按领导的安排做，又怕领导不高兴，迟早给自己"穿小鞋"。怎么拒绝领导的安排？怎么拒绝领导的工作？怎么拒绝领导的邀请？甚至怎么拒绝领导的提拔？也就是说怎么样委婉地拒绝领导，绝对是一门艺术。

一般说来，是不能直接拒绝的，拒绝别人，尤其是拒绝领导一定要掌握好所谓的"拒绝三部曲"。

1.认同和理解

首先要对领导的安排，无论是时间安排、工作安排、岗位安排、团队人员安排，都要表示认同和理解。领导这么安排一定有自己的意图和想法，有他希望达成的目标，要对此表示理解。

2.摆明自己的计划与想法

一定要向领导摆明自己的计划与想法，自己对时间安排、工作安排、岗位安排、团队人员安排有什么想法？自己为什么要这么想？自己的计划与领导的安排相比，各有什么优势与不足？

这一步是最难的，大部分人会认为领导根本不会听自己的，所以，就不敢说，或者不想说，但其实未必，即使是特别自信甚至自负的领导，对于工作安排也愿意听取下属的意见，因为，他需要下属真心的配合。

只是在跟领导提出自己想法的时候，一定要注意技巧。

3.找到最佳替代方案

在摆明了自己的想法后，一定要为领导着想，找到领导的安排与自己计划的共同点和结合点，这其中最重要的是目标，如果大家的目标一致，那么，具体的安排细节是好协商的，只要能达到目的就可以了。

二、委婉批评的艺术

自古便有"良药苦口，忠言逆耳"之说，在现实生活中，直截了当批评别人很容易激起别人的愤怒，他们不但不会反思你的话，反而对你产生厌恶感。批评他人时，为了不伤害对方的自尊，不妨给自己的"炮弹"上裹上一层"糖衣"，使别人更容易接受，达到"忠言不逆耳"的好效果。

我们在批评下属的时候，一定要考虑是否伤害了对方的自尊心。如果下属工作出现了错误，我们可以先赞扬他，说他在某一方面做得确实挺好的，仅仅就是在某一个小环节上有一点儿小小的失误，希望他以后能够注意。

"你的报告做得相当好，写出了所有的重点，但其中有一点……"

"你自进公司以来一直表现得很突出，我们很感激你在工作岗位上的努力。但是，我有一些建议……"

"过去一段时间，我们一直合作得相当不错，是不是有什么原因……"

"这些年来，你一直是一个很好的邻居，你知不知道……"

"从过去的经验中，我知道你一直不断地尝试让你的工作做得更好，这让我想到……"

作为上司，你的下属在工作中出现了失误，如果你能像上面那样对他说，那么他肯定不会对你产生反感，以后也一定会注意他在这一点上的错误。这样，既减少了对别人的直接伤害，也可以赢得他的尊重。

所以，我们在批评下属的时候，更要知道如何开口，才会让下属更好地接受。可参考下图所示的方法。

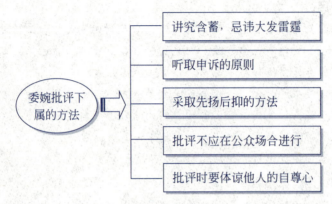

委婉批评下属的方法

1. 讲究含蓄，忌讳大发雷霆

有些人所犯的错误对我们可能是直接的伤害，作为批评者往往容易发怒。但是，发怒和批评不是一回事，发怒并不能解决问题，而且大发雷霆会严重伤害对方的自尊心，增加对方的抗拒心理，不利于问题的解决。

总经理召开工作会议，结果只有财务部主任准时到达会场，其他人全部迟到。总经理大为恼火，但他没有批评任何人，只是表扬了财务部主任，高度赞扬了他的守时作风，结果其他人都面带愧色。

这种情况下，最妥当的处理办法就是表扬少数，这种含沙射影的方式既扬了正又压了邪，而且你也没有得罪下属。然而对于下属来说，这种方法更使他们羞愧，更使他们认识到你在有意给他们留面子，其效果显然要比正面批评好很多。

2. 听取申诉的原则

很多管理者在批评完下属后，就自行离开或是叫对方马上离开自己的办公室，员工甚至没有机会解释一下这其中到底发生了些什么。对于批评进行申诉是每一位员工理应拥有的基本权利，上司不应武断地剥夺他们的这一权利，况且这种倾听也有利于领导者广开言路，进一步了解下属工作中的真实情况。

3. 采取先扬后抑的方法

将批评的话巧妙地揉捏进赞美中，这样能够让对方更倾向于接受批评，减少反感情绪。

有一位新进的公司员工,性格十分活泼,总能想出很多新鲜点子,但缺点是缺乏恒心,做事虎头蛇尾。有一次他又提出了一个形式新颖的策划案,他的上司在会后特地走到他身边,拍拍他的肩说"年轻人果然是创意十足,这个点子非常好,我很喜欢,但是这次可不能像以前那样,态度要端正,必须认真起来好好干,一定要让我满意!",这位员工立刻意识到原来自己在工作上的问题领导看得一清二楚,要是这次再干不好,也许就会失去领导对我的信任,于是开始努力工作,改掉了之前的坏毛病。

在发现下属缺点和问题的同时,要善于挖掘他们身上的闪光点,空洞的表扬只会让被批评者觉得虚伪,合理到位、恰如其分的赞扬才能起作用。

4.批评不应在公众场合进行

在公共场合或者是熟人面前批评别人,会使对方感到"面子"受到了伤害,增加他的心理负担,影响批评的效果。

比如,你在客户面前批评你的下属,不论你说的是否在理,他都会感到在客户面前大大地丢了面子,甚至认为你是在通过羞辱他而达到你的自我满足。那么他肯定不会接受你的批评。

含蓄的批评应该是在私下里进行的,在批评的语气上也应该是含蓄的。

比如,要对方改正错误,用请求的语气说:"请你做一些修改好吗?"如果说:"你马上给我改正过来!"对方肯定不愿意接受。

5.批评时要体谅他人的自尊心

尊重每一个人是社交过程和职场生活中所必须遵循的原则,要在批评中将对方视为和自己平等的个体,充分体谅他人的自尊心,就要做到下图所示的三个注意。

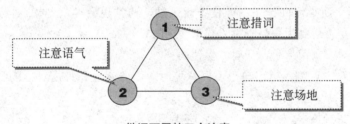

批评下属的三个注意

(1)注意措词 切忌说出带有侮辱性的词句。若上司随随便便就指责下属是"垃圾""废物""很没用",第一会让被批评者丧失对工作的热情;第二会让被批评者失去对公司的归属感;第三会彻底打击到被批评者的自信心;第四容易造成被批评者的逆反心理。所以对事不对人,客观冷静地提出批评意见非常关键。

(2)注意语气 高声呵斥的语气会让人感到在人格上"矮了一截",轻描淡写的语气会让被批评人感到自己并不受重视,讥讽嘲笑的语气会让被批评人感到没有被尊重。受批评的人因为心里本已紧张万分，其敏感程度较一般人更高，所以在批评过程中言者无心的语气态度，听者也许就很在意了。

（3）注意场地　因为大庭广众之下批评的话是最不能让人接受的，因此换位思考就显得很重要了。我们可以去一些人少的地方耐心地去说，这样不会让对方变得很尴尬，自己也可以大胆一点儿去说。

三、委婉说服的法宝

在说服别人时如果不能直接说服，不妨换一种方式委婉地说服。有时候，用动听入耳的言词，温和委婉的语气，平易近人的态度，曲折隐晦的暗语，更能使对方理解自己，信任自己，从而达到说服的目的。在某些特定的场合，使用委婉曲折的方式，更能产生出奇制胜的效果。

1.说出不同的意见

说服力可能决定成败，它能保证你的工作进度，让你从最大程度上发挥你的其他技能。当你要说服他人时，可以说出自己不同的意见。

（1）先赞同，再提出不同意见。

当想说出不同意见的时候，从双方都同意的事谈起。当你了解对方的见解后，如果发现与自己的观点或出发点有相同的部分，那么最好着重强调它，并从这个地方入手。千万不要从分歧最严重的地方开始。

如果可能的话，你必须不断强调：你们都是为了相同的目标而努力，唯一的差异只在于方法而非目的。

采用先退后进，先"恭维"后"不过"的迂回战术。对别人的建议或忠告，不马上答复，而是迂回一下。即使不想采纳，通常也会客气地说："你的主意很棒，不过你是否想到用另外一种方式来考虑呢？"

（2）给对方预留台阶，让对方保住面子。

当否定对方意见，提出自己不同意见时，不要刺激和打击对方的智慧、判断力和自尊心。

比如，"我们一起来看看问题出在哪里。"

"噢，是这样的，我倒另有一种想法，但也许不对，我常常也会弄错。如果我弄错了，我很愿意被纠正……"

同时，给对方预留一个台阶，让对方以为原先的主张是出于对事实还没有充分的了解。

比如，"你那时对这件事还没有全盘了解，也难怪你会那样认为。"

"我原先也是你这样认为的，但是后来知道了那些情况后，就改变原来的想法了。"

(3)换位表达不同意见。

如果别人说出一种意见后又征求你的看法,而你想表达的却是不同于他甚至是完全否定的意见时,可以用这样的语言。

"对这件事(在这种时候)如果我是你的话,我将……"

"换了是我,我可能会这么做……"

这是一种常用的带有说服性的表达不同意见的技巧。

(4)在发表不同意见前,表现出明显的为难或不好意思的态度来。

当你的观点与对方观点差异太大时,在说出以前,可以表现出犹豫不决,似乎不好意思出口,让对方有个心理准备,并使对方劝你说出。

"有些话也不知当讲不当讲……"

"我有些看法不一定对,说出来请你不要见怪(或不要生气)"。

(5)诱导对方否定自己的意见。

如果你对对方的观点有不同意见,可以不用直接表达的方法,而是通过你的分析和推断让对方意识到,如果根据对方的意见来办,将会遇到什么样的困难,带来哪些不利,从而诱导对方在心里否定自己的意见。

2. 先为他人着想

我们在做说服他人的工作时,如果能为对方考虑,诚心地从对方的利益出发,那么说服就会很容易地被接受。

许×是一家公司新上任的部门经理。经过一段时间的观察,他发现许多员工经常迟到。

一天,许经理早早地来到公司,为他那个部门的每个员工买了份早点。等员工都到齐了,他把早点拿出来对大家说:"各位,我知道你们工作很辛苦,由于时间的关系,来不及吃早点,我特意为大家买了早点,希望大家每天都记得吃'早点'。"

一开始所有员工都不知许经理葫芦里卖什么药,后来经公司有"迟到王"之称的小莫提醒,大家恍然大悟。终于明白许经理的良苦用心,原来许经理借"早点"来提醒大家上班早点,以后别再迟到了。从此以后,再也没有迟到的现象出现。

在这里,许经理巧妙地运用谐音词,说服员工以后别再迟到,不仅幽默风趣,而且委婉含蓄,更是体现很浓的"人情味",这种说服技巧不能不让人佩服。

说服他人,就要站在对方的立场看问题,就要知道对方是怎么想的,他需要的是什么,如果这个问题不弄清楚,那么是无法达到目的的。

有一家机械工厂,生产某种新产品。总厂将其部分部件委托小工厂制造,当该小工厂将零件的半成品呈送总厂时,发现全不合该厂要求。

但由于需要的迫在眉睫,总厂负责人只得令其尽快重新制造。可小工厂负责人认为他是完全按总厂的规格制造的,不想再重新制造,双方僵持了许久。

总厂经理见了这种局面，问明原委后，便对小工厂负责人说："我想这件事完全是由于公司方面设计不周所致，而且还令你吃了亏，实在抱歉。今天幸好是由于你们帮忙，才让我们发现竟然有这样的缺点。只是事到如今，事情总是要完成的，你们不妨将它制造得更完美一点儿，这样对你我双方都是有好处的。"

那位小工厂负责人听完这些话，就欣然应允。

对于那些不易说服的人，最好的办法就是和对方站在同一立场上，完全是为他着想的，这样说服起来就更容易。

如果我们在说服别人的过程中，无意间使用了一些不太妥当的言词。但由于我们巧妙地运用这句"如果我是你"，就会弥补你言词上的过失。不仅如此，它还能促使对方做自我反省，并终于感觉到唯有自己的忠言，才是对自己最有利的。

美国的汽车大王福特说过一句话："假如说服有什么成功秘诀的话，那就是设身处地替别人着想，了解别人的态度和观点。"

> **沟通密码**
>
> 若想让别人认同自己的观点，并按照该观点行事。首先必须要以对方为出发点，替他着想，先了解他的想法，根据他的需求进行说服，这样才能取得成效。

3. 拐着弯地说服

委婉实际上可以说是一种修辞手法，即在讲话时不直陈本意，而是用委婉之词加以烘托或暗示。因为给人留了回旋的余地，因而就更有吸引力、说服力和感染力。会说话的人通常都会用这种方式来说服别人。

小璐做公交车售票员十多年了，得到了乘客与单位领导的好评，因为无论遇到什么情况，她从来都没有发过火，她的声调永远是柔和的，嗓音永远是优美的，最重要的是她的语气是婉转的，让人听着就舒服。

一天清晨，正逢上班高峰期，公交车上拥挤不堪，而这时又上来一位抱小孩儿的妇女。小璐像往常一样对乘客喊道："麻烦哪位同志给这位抱小孩儿的女同志让个座？谢谢了。"或许是太拥挤了，她连喊两次，仍无人响应。

小璐就站起来，用期待的目光看了看靠在窗口处的几位青年乘客，提高嗓音说："抱小孩儿的女同志，请往里走，靠窗口坐的几位小伙子都想给您让座儿，可您得先过去。"

话音刚落，"呼啦"一声，几位小伙子都不约而同地站了起来让座。这位女同志坐下之后，只顾喘气定神，却忘记对让座的小伙子道谢，小青年面有冷色。

小璐看在眼里，心里顿时明白，她忙中偷闲，逗着小孩儿说："小朋友，叔叔给你让个座儿，你还不谢谢叔叔。"一语提醒了那位妇女，连忙拉着孩子说："快谢谢叔叔。"那位小青年听到小孩儿道谢，忙笑着说："不客气，不客气。"

要想轻松说服别人，就要理解他人的合理需要，维护他人的自尊心，只有这样才能把话说到别人心坎里去。如果不能根据交际对象的心理，选择恰当的语言形式，话一出口就先挫伤他人的自尊心，必然引起对方的不快，甚至争吵。在这方面，小璐可谓是高手，试想如果小璐在请人让座时说："年轻人一点儿也不自觉！没看到别人抱着小孩儿吗？"此种口气不引起争吵才怪。或是在劝抱小孩儿的妇女应及时道谢时说："别人给你让座，也不知道说声谢谢。"后果当然也不会好到哪里去。

无论在什么场合，委婉的措辞永远比直接的批评和教育更能让人接受。

小蓉是一家商场的服务员，一天，商场里在做儿童玩具促销活动，柜台前挤满了顾客，这时一个小孩儿伸手抓起一件玩具就跑。不一会儿，小孩儿连同玩具被有关人员带了回来。这时，围上来许多顾客，他们既为小孩儿担心，又想看看服务员到底如何处理这件事。

小孩儿拿商场的东西，多半是不懂事，这种情况如果说重了，怕小孩儿自尊心受不了，周围人也容易打抱不平。不说吧，毕竟商场有规定，而且小孩儿养成这样的习惯也不好。

这无疑是个难题，小蓉思考片刻，面带微笑地走到小孩儿身边，拉起小孩儿的手温和地说："小朋友，你喜欢这件玩具吗？""喜欢。"小孩儿答。"小朋友自己拿玩具好不好？""不好。"小孩儿不好意思地低下头。"对了，以后小朋友喜欢什么玩具就告诉阿姨，阿姨给你拿，好吗？""好。"小孩儿高兴地回答，把玩具交给了小蓉。

这件本来很棘手的事，小蓉处理得很巧妙、精彩，她用亲切委婉的话语既要回了所丢失的商品，又维护了小孩儿的自尊心，还不失时机地对孩子进行了一番教育，赢得周围顾客的好评。其实，每个成年人都保持着小孩儿的这种心理，听到好听话就高兴，听到批评就不舒服，只不过成年人的情绪不那么外露罢了。所以，在我们说服别人的时候，一定要委婉，避免伤害对方。

相关链接

说服领导的技巧

对于领导的指示，要认真执行。那么，怎样说服领导，让领导理解自己的主张、同意自己的看法呢？请看以下要点。

1. 选择恰当的提议时机

刚上班时，领导会因事情多而繁忙，到快下班时，领导又会疲倦心烦，显然，这都不是提议的好时机。总之，记住一点，当领导心情不太好时，无论多么好的建议，都难以细心静听。

那么，什么时候会比较好呢？我们通常推荐在上午10点左右，此时领导可能刚刚处理完清晨的业务，有一种如释重负的感觉，同时正在进行本日的工作安排，你适时地以委婉方式提出你的意见，会比较容易引起领导的思考和重视。还有一个较好的时间段是在午休结束后的半个小时里，此时领导经过短暂的休息，可能会有更好的体力和精力，比较容易听取别人的建议。总之，要选择领导时间充分、心情舒畅的时候提出改进方案。

2.资讯及数据都极具说服力

对改进工作的建议，如果只凭嘴说，是没有太大说服力的。但如果事先收集整理好有关数据和资料，做成书面材料，借助视觉力量，就会加强说服力。

记住，只有摆出新方法的利与弊，用各种数据、事实逐项证明，才能让领导不认为你有头脑发热、主观臆断的嫌疑。

3.设想领导质疑，事先准备答案

领导对于你的方案提出疑问，如果你事先毫无准备，吞吞吐吐，前言不搭后语，自相矛盾，当然不能说服领导。因此，应事先设想领导会提什么问题，自己该如何回答。

四、委婉请求的窍门

委婉含蓄的语言就是成熟、稳重的表现。聪明的职场人士一定懂得，委婉说话是处世的基本功，是每个成功者必知的说话技巧。多运用委婉的说话艺术，不但可以把自己的意思表达出来，让对方清楚地理解，而且能使对方愉快地接受。

1.求人要乐于开口

求人有多种多样的方式，其中很大部分是由口头提出的。不难发现，同样的请求内容，不同的人，用不同的方法和语言表达出来，得到的结果常常是不一样的。那么，怎样才能使被求者愿意答应自己的请求呢？

求人语言要做到诚恳、礼貌、不强加于人。所谓诚恳是指要让被请求者感到你是发自内心地求助于他，从而重视你的请求。这是求人成功的先决条件。

所谓礼貌是指应该尽量选用被请求者愿意接受的称呼，像在问路、请求让座时，这一点就显得非常重要。

问路时，称对方为"老头""小孩儿"，那你肯定一无所获；若改用"老人家""小朋友"等，效果就会好些。

不强加于人是指不用命令、祈使的语气，而多用委婉、征询的口气。

比如，尽可能地使用"麻烦……""劳驾……""可以……吗"这类句式，即使对相识者也不妨这样。

2.诱导他人尝试

委婉地向对方求助就是不直接出面，而是绕开对方可能不应允的事情，选一个临时想出的虚假目的作幌子，让对方答应，等对方进入圈套以后，你的目的就达到了。

现实生活中这样的例子很多。

美国《纽约日报》总编辑雷特身边缺少一位精明干练的助理，后来他把目光瞄准了年轻的约翰·海。而当时约翰·海刚从西班牙首都马德里卸除外交官的职务，正准备回到家乡伊利诺伊州从事律师业。

打定主意后，雷特就请约翰·海到联盟俱乐部吃饭。饭后，他提议请约翰·海到报社去玩玩。坐在办公桌前，雷特从许多电讯中间找到了一条重要消息。那时"恰巧"负责国外新闻的编辑不在，于是他对约翰·海说："请坐下来，为明天的报纸写一段关于这则消息的社论吧。"约翰·海自然无法拒绝，于是提起笔来就写。社论写得很棒，雷特看后大加赞赏，于是请他再帮忙顶缺一个星期、一个月……渐渐地干脆让他担任了这一职务。

约翰·海就这样在不知不觉中放弃了回家乡做律师的计划，而留在纽约做新闻记者了。

由此可以得出一条求人办事儿的技巧：委婉地向对方求助。在运用这一策略的时候，要注意的是：在诱导别人的时候，首先应当引起别人的兴趣。当你要诱导别人去做一些很容易的事情时，先得给他一点儿小胜利；当你要诱导别人做一件重大的事情时，你最好给他一个强烈的刺激，使他对做这件事有一个要求成功的需求。在此情形下，他已经被一种渴望成功的意识刺激了，于是，他就会很主动地为了获取成功而努力。总之，要引起别人对你的计划的热心参与，必须先诱导他们尝试一下，可能的话，不妨使他们先从做一点儿容易的事入手，先让他尝到一些成功的喜悦。

3.寻求"渐进效应"

在现实生活中，可能大家都有过这样一种体会：当你请求他人帮助时，如果刚开始便提出比较高的要求，是极易遭到拒绝的；倘若你先提出比较低的要求，等他人同意之后再适机增加要求的分量，就会更易达到目标，这就是"渐进效应"。

说到说话要委婉，要寻求"渐进效应"，就不得不提美国社会心理学家弗里德曼和弗雷瑟所做的两个实验。

一个实验是两位心理学家让自己的助手随机去访问一组家庭主妇，请求她们把一个小招牌挂在自己家的窗户上,基本上每个家庭主妇都同意了这个小小的要求。不久之后,他们又一次访问了这组家庭主妇,并请求她们将一个大而不太美观的招牌放在她们的院子中,结果其中有一多半的人答应了这个请求。同时,他们还让助手同样去随机访问另外一组家庭主妇,直接提出把大而不太美观的招牌放在她们的院子中,结果仅有不到20%的家庭主妇同意这个要求。

另外一个实验是他们让助手分别到两个居民区内去劝说居民同意在自己的住房前面立一块标语牌,上面写"小心驾驶"。在其中的一个住宅区里,助手们直接向人们提出了这个要求,因为该标语牌不仅大而且难看,仅有17%的居民同意这一做法。而在另外一个住宅区内,助手们先让居民在一份赞成安全驾驶的请愿书上签字,因为这是比较容易做到而又对社会有益的小要求,所以每个人都非常积极地签了字。过了几个星期之后,他们又请求居民同意竖立一块和前一居民区相同的标语牌,结果有55%的居民都答应了,人数是前一组的3倍之多。

从这两个实验和长期的观察与分析中,这两位心理学家最后得出了一个结论:通常来说,人们拒绝容易做到或者违反意愿的请求十分正常;不过,当人们面对某个小请求而无法拒绝时,答应该请求的倾向便会增加;而当他们涉入此要求的一小部分之后,就会产生自己是"关心社会的人"和"热心人"等知觉、自我概念或者态度。此时,倘若他拒绝后来的更大要求,便会产生认知上的不协调,即自己的行为和"关心社会的人""热心人"等自我概念之间不协调。因此,恢复协调的内部压力便会促使他们继续做下去或者提供更多的帮助。

第六章
巧用工具，让沟通得心应手

场景导入

　　时间过得真快，通过这个偶然结识的沟通培训课，小陆受益匪浅。他发现现在安排给下属的工作马上就会执行落实；给领导汇报工作时，领导也不似以前那么"挑刺"了；与供应商接洽时，双方合作得也非常愉快。

　　今天是培训课的最后一节课，小陆带着女儿早早就出门了。来到培训教室，发现大家都到了。经过这几次的培训，大家早就成了朋友，此时已经聊得热火朝天了。

　　小于快人快语："经过这段时间的培训，不但在公司里工作顺心了，更让我开心的是把女朋友成功追到了手。其实，很早以前我就喜欢上了她，可是不敢找她表白啊，这段时间，听了刘老师的课，我就采取不同的方式去找她聊天，聊天过程中，还时不时幽默一把，不知不觉，她已经从心理上开始接受我了。前天晚上，她终于答应做我女朋友了。"

　　小黄说："恭喜恭喜呀！"

　　小杨也说："那再加把劲，快点把女朋友娶回家吧！"

　　众人笑作一团。

　　刘老师不知什么时候已进来了，笑着说："看来大家已经做到了学以致用，而且也从中得到了实惠。沟通，其实不是什么难事，不过是我们与他人之间的交流过程。只要能摆正自己的心态，达到对方愿意配合我们交流的效果，那么沟通也就成功一半了。"

　　刘老师接着说："随着信息技术的不断发展，在沟通工具上我们可能的选择越来越多。除了传统的面谈和电话沟通之外，我们还可以使用即时通信软件、电子邮件、手机短信等方式进行沟通。除此之外，还有网上论坛、网站、个人博客以及书信等方式。

　　今天这节课，我们主要就来讲讲如何利用电子邮件、电话、微信这三种社交工具来帮助我们进行沟通。"

第一节　如何用电子邮件沟通

一、关于发送对象

正确使用发送、抄送和密送，要区分收件人（TO）、抄送人（CC）和密送人（BCC）。

（1）收件人是要受理这封邮件所涉及的主要问题的，理应对电子邮件予以回复响应。

（2）抄送人则只是需要知道这回事，抄送人没有义务对电子邮件予以响应，当然如果抄送人有建议，当然可以回复电子邮件。

（3）密送，即收信人是不知道你发给了密送人电子邮件。这个功能可能用在非常规场合。

（4）收件人和抄送人的排列应遵循一定的规则。比如按部门排列；按职位等级从高到低或从低到高排列都可以。

（5）只给需要信息的人发送电子邮件，不要占用他人的资源。

（6）转发电子邮件要突出信息，在你转发消息之前，首先确保所有收件人需要此消息。除此之外，转发敏感或者机密信息要小心谨慎，不要把内部消息转发给外部人员或者未经授权的接收人。

如果有需要，还应对转发电子邮件的内容进行修改和整理，以突出信息。不要将回复了"几十层"的邮件发给他人，让人摸不着头脑。

（7）不发送垃圾邮件或者附加特殊链接。

相关链接

选择发送对象时应避免的现象

（1）非重要的一般性沟通，避免为了知会的需要将邮件抄送给包括直接和间接经理。

（2）避免将细节性的讨论意见发送给公司高级管理人员，特别是可以判断高级管理人员不能深入了解的业务细节。

（3）避免将同一个主题的讨论内容多次反复发给全部收件人、抄送人，用见面直接交流代替。

（4）对发件人提出的问题不清楚或有不同意见，应该与发件人单独沟通，不要当着所有人的面，不停交互邮件与发件人讨论。

（5）不要向上司频繁发送没有确定结果的邮件。
（6）不能随便向群体邮箱发送不必要的消息。

二、关于主题

主题要提纲挈领，添加邮件主题是电子邮件和信笺的主要不同之处，在主题栏里用短短的几个字概括出整个邮件的内容，便于收件人权衡电子邮件的轻重缓急，分别处理。

（1）一定不要空白标题，这是最失礼的。

（2）主题要简短，不宜冗长。

（3）如果对外，最好写上来自××公司的邮件，以便对方一目了然又便于留存，时间可以不用注明，因为一般的邮箱会自动生成，写了反而累赘。

（4）主题要能真实反映文章的内容和重要性，切忌使用含义不清的标题，如"王先生收"。也不要用无实际内容的主题，如"嘿！"或是"收着！"

（5）一个电子邮件尽可能只针对一个主题，不在一个电子邮件内谈及多件事情，以便于日后整理。

（6）可适当用使用大写字母或特殊字符（如"＊！"等）来突出标题，引起收件人注意，但应适度，特别是不要随便就用"紧急"之类的字眼。

（7）回复对方电子邮件时，应当根据回复内容需要更改标题，不要回复一大串。

（8）最重要的一点，主题千万不可出现错别字和不通顺之处，切莫只顾检查正文却在发出前忘记检查主题。主题是给别人的第一印象，一定要慎之又慎。

三、关于称呼与问候

1.恰当地称呼收件者，拿捏尺度

电子邮件的开头要称呼收件人。这既显得礼貌，也明确提醒某收件人，此邮件是面向他的，要求其给出必要的回应；在有多个收件人的情况下可以称呼大家、所有人。

如果对方有职务，应按职务尊称对方，如"×经理"；如果不清楚职务，则应按通常的"×先生""×小姐"称呼，但要把性别先弄清楚。

不熟悉的人不宜直接称呼英文名，对级别高于自己的人也不宜称呼英文名。称呼全名也是不礼貌的，不要对谁都用个"亲爱的×××"，显得很熟悉。

关于格式，称呼是第一行顶格写。

2.电子邮件开头和结尾最好要有问候语

最简单的英文开头写一个"HI",中文开头写一个"你好"或者"您好",开头问候语是称呼换行空两格写。

英文结尾常见的写一个"Best Regards",中文结尾的写一个"祝您顺利"之类的即可,若是尊长应使用"此致敬礼"。注意,在非常正式的场合应完全使用信件标准格式,"祝"和"此致"为紧接上一行结尾或换行开头空两格,而"顺利"和"敬礼"为再换行顶格写。

> **沟通密码**
>
> 俗话说得好,"礼多人不怪",礼貌一些,总是好的,即便电子邮件中有些地方不妥,对方也能平静地看待。

四、关于正文

1.电子邮件正文要简明扼要,行文通顺

(1)若对方不认识你,第一件应当说明的就是自己的身份,姓名或你代表的企业名是必须通报的,以示对对方的尊重,点名身份应当简洁扼要,最好是和本邮件以及对方有关,主要功能是为了使收件人能够顺利地理解邮件来意。

有些联系方式之类与正文无关的信息应在签名档中表明。

(2)电子邮件正文应简明扼要地说清楚事情;如果具体内容确实很多,正文应只作摘要介绍,然后单独写个文件作为附件进行详细描述。

(3)正文行文应通顺,多用简单词汇和短句,准确清晰地表达,不要出现让人晦涩难懂的语句。

2.注意电子邮件的论述语气

(1)根据收件人与自己的熟络程度、等级关系;邮件是对内还是对外性质的不同,选择恰当的语气进行论述,以免引起对方不适。

(2)要尊重对方,请、谢谢之类的语句应经常出现。

(3)电子邮件可轻易地转给他人,因此对别人意见的评论必须谨慎而客观。

3.电子邮件正文多用1、2、3、4之类的列表,以清晰明确

如果事情复杂,最好1、2、3、4地列几个段落进行清晰明确的说明。保持你的每个段落简短不冗长,没人有时间仔细看你没分段的"长篇大论"。

4.在电子邮件中一次交代完整信息

最好在电子邮件中一次把相关信息全部说清楚,说准确。不要过两分钟之后再发一封什么"补充"或者"更正"之类的邮件,这会让人很反感。

5. 尽可能避免拼写错误和错别字，注意使用拼写检查

这是对别人的尊重，也是自己态度的体现。如果是英文电子邮件，最好把拼写检查功能打开；如果是中文电子邮件，还需检查不要有错别字出现。

> **沟通密码**
>
> 在电子邮件发送之前，务必自己仔细阅读一遍，检查行文是否通顺，拼写是否有错误。

6. 合理提示重要信息

不要动不动就使用大写字母、粗体斜体、颜色字体、加大字号等手段对一些信息进行提示。合理的提示是必要的，但过多的提示则会让人抓不住重点，影响阅度。

7. 合理利用图片、表格等形式来辅助阐述

对于很多带有技术介绍或讨论性质的邮件，单纯以文字形式很难描述清楚。如果配合图表加以阐述，收件人一定会表扬你的体贴。

8. 慎用表情字符

不要动不动使用":)"之类的笑脸字符，在商务信函里面这样显得比较轻佻。

五、关于附件

（1）如果邮件带有附件，应在正文里面提示收件人查看附件。

（2）附件文件应按有意义的名字命名，最好能够概括附件的内容，方便收件人下载后管理。

（3）正文中应对附件内容做简要说明，特别是带有多个附件时。

（4）附件数目不宜超过4个，数目较多时应打包压缩成一个文件。

（5）如果附件是特殊格式文件，因在正文中说明打开方式，以免影响使用。

（6）如果附件过大，应分割成几个小文件分别发送。

六、关于结尾签名

每封邮件在结尾都应签名，这样对方可以清楚地知道发件人信息。

1. 签名信息不宜过多

电子邮件消息末尾加上签名是必要的。签名可包括姓名、职务、公司、电话、传真、地址等信息，但信息不宜行数过多，一般不超过4行。你只需将一些必要信息放在上面，对方如果需要更详细的信息，自然会与你联系。

引用一个短语作为你的签名的一部分是可行的，比如你的座右铭，或公司的宣传口号。但是要分清收件人对象与场合，切记一定要得体。

2.签名文字

签名文字应选择与正文文字匹配的简体字、繁体字或英文，以免成出现乱码。字号一般应选择比正文字体小一些。

七、电子邮件回复技巧

1.及时回复电子邮件

收到他人的重要电子邮件后，即刻回复对方一下，往往是必不可少的，这是对他人的尊重，理想的回复时间是2小时内，特别是对一些紧急或重要的电子邮件。

对每一份电子邮件都立即处理是很占用时间的，对于一些优先级低的电子邮件可集中在一个特定时间处理，但一般不要超过24小时。

如果事情复杂，你无法及时确切回复，那至少应该及时地回复说"收到了，我们正在处理，一旦有结果就会及时回复等"。不要让对方苦苦等待，记住：及时做出响应，哪怕只是确认一下收到了。

如果你正在出差或休假，应该设定自动回复功能，提示发件人，以免影响工作。

2.进行针对性回复

当回复的时候，最好把相关的问题抄到回件中，然后附上答案。进行必要的阐述，让对方一次性理解，避免再反复交流，浪费资源。

3.回复不得少于10个字

对方给你发来一大段内容，你却只回复"是的""对""谢谢""已知道"等字眼，这是非常不礼貌的。怎么着也要凑够10个字，显示出你的尊重。

4.不要就同一问题多次回复讨论，不要"盖高楼"

如果收发双方就同一问题的交流回复超过3次，这只能说明交流不畅，说不清楚。此时应采用电话沟通等其他方式进行交流后再做判断。电子邮件有时并不是最好的交流方式。

对于较为复杂的问题，多个收件人频繁回复，发表看法，邮件越回复"越高"，越将导致邮件过于冗长、笨拙而不可阅读。此时应即是对之前讨论的结果进行小结，"删减瘦身"，突出有用信息。

5.要区分单独回复和全体回复

如果只需要单独一个人知道的事情，单独回复给他一个人即可。

如果你对发件人提出的要求做出结论响应，应该"全体回复"，让大家都知道；不要让对方帮你完成这件事情。

如果你对发件人提出的问题不清楚，或有不同的意见，应该与发件人单独沟通，不要当着所有人的面，不停的回复来回复去，与发件人讨论。

6. 主动控制邮件的来往

为避免无谓的回复，浪费资源，可在文中指定部分收件人给出回复，或在文末添上以下语句："全部办妥""无需行动""仅供参考，无需回复"。

第二节　如何用电话沟通

现代社会，各种高科技的手段拉近了人与人之间的距离，即使远隔天涯，也可以通过现代通信技术近若比邻。事实上，我们在日常的沟通活动中，使用最多的工具就是电话。

一、电话沟通的使用场景

如下图所示的几种情境宜采用电话沟通的方式进行。

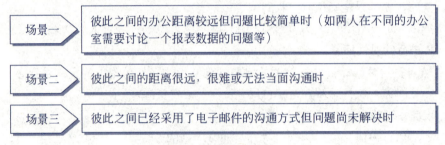

电话沟通的使用场景

二、电话沟通的注意事项

目前大部分电话能传输的信号是声音，但这一信号载体却包含着许多信息。说话人想做什么，要做什么，是高兴或是悲伤，还有对另一方的信任感、尊重感，彼此都可以清晰地得知。这些都取决于电话的语言与声调。因此，在电话沟通时，要注意下图所示的事项，以便准确地传递信息。

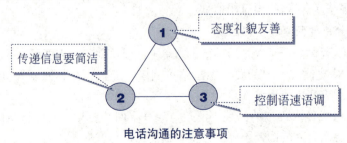

电话沟通的注意事项

1. 态度礼貌友善

当你使用电话交谈时,不能简单地将对方视作一个"声音",而应看作是面对一个正在交谈的人。如果你们是初次交往,那么,这样一次电话接触便是你给对方的第一次"亮相",应十分慎重。因此,在使用电话时,多用肯定语,少用否定语,酌情使用模糊用语;多用些致歉语和请托语,少用些傲慢语、生硬语。

礼貌的语言、柔和的声音,往往会给对方留下亲切之感。正如日本一位研究传播的学者所说:"不管是在公司还是在家里,凭这个人在电话里的讲话方式,就可以基本判断出其'教养'的水准。"

2. 传递信息要简洁

电话用语要言简意赅,将自己所要讲的事用简洁、明了的语言表达出来。因为通话的一方尽管有诸如紧张、失望而表情异常的体态语言,但通话的另一方不知道,他所能得到的判断只能是来自他听到的声音。

在通话时忌讳发话人吞吞吐吐,含糊不清,东拉西扯。正确的做法是:问候完毕对方,即开宗明义,直言主题,少讲空话,不说废话。

3. 控制语速语调

通话时语调温和,语气、语速适中,这种有魅力的声音容易使对方产生愉悦感。如果说话过程语速太快,则对方会听不清楚,显得应付了事;语速太慢,则对方会不耐烦,显得懒散拖沓;语调太高,则对方听得刺耳,感到刚而不柔;语调太低,则对方会听得不清楚,感到有气无力。

一般说话的语速、语调和平常的一样即可,即使是长途电话,也无需大喊大叫,把受话器放在离嘴10厘米左右的地方,正对着它讲即可。

沟通密码

通电话时,如果周围有种种异样的声音,会让对方觉得自己未受尊重而变得恼怒,这时应向对方解释,以确保双方心情舒畅地传递信息。

三、接电话注意事项

职场人在接电话时要注意下图所示的事项。

1. 迅速、礼貌地接听电话

电话铃声响起,要立即停下自己手头的事,尽快接听。不要等铃声响过很久之后,才姗姗来迟或者让小孩子代接电话。一个人是否能及时接听电话,也可从一个侧面反映出他的待人接物的诚恳程度。

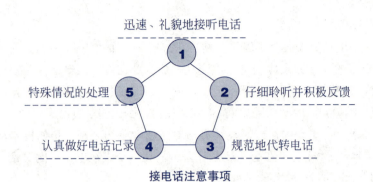
接电话注意事项

一般来说，在电话铃声响过三遍左右，拿起话筒比较合适。"铃声不过三声"是一个原则，也是一种体谅拨打电话的人的态度，而且铃声响起很久不接电话，拨打电话的人也许会以为没有人接而挂断电话。如果接电话不及时，要道歉，向对方说"抱歉，让您久等了"。

接电话时，也应首先自报单位、姓名，然后确认对方，如："您好！这是××公司营销部。"如果对方没有马上进入正题，可以主动请教："请问您找哪位通话？"

2.仔细聆听并积极反馈

作为受话人，通话过程中，要仔细聆听对方的讲话，并及时作答，给对方以积极的反馈。通话时听不清楚或意思不明白时，要马上告诉对方。在电话中接到对方邀请或会议通知时，应热情致谢。

3.规范地代转电话

如果对方请你代转电话，应弄明白对方是谁，要找什么人，以便与接电话人联系。此时，请告知对方"稍等片刻"，并迅速找人。如果不放下话筒喊距离较远的人，可用手轻捂话筒或按保留按钮，然后再呼喊接话人。如果你因别的原因决定将电话转到别的部门，应客气地告之对方，你将电话转到处理此事的部门或适当的职员。如："真对不起，这件事是由财务部处理，如果您愿意，我帮您转过去好吗？"

4.认真做好电话记录

如果要接电话的人不在，应为其做好电话记录，记录完毕，并向对方复述一遍，以免遗漏或记错。可利用电话记录卡片做好电话记录。

5.特殊情况的处理

（1）电话铃响时，如果你正在与客人交谈，应先向客人打招呼，然后再去接电话。如果发觉打来的电话不宜为外人所知，可以告诉对方："我身边有客人，一会儿我再给您回电话。"不要抛下客人，在电话中谈个没完，这样身边的客人会有被轻视的感觉。

（2）不要在接听电话时与旁人打招呼、说话或小声议论某些问题。如果通电话时有人有急事来找你，应先对电话那端的人说声："对不起。"如果为回答通话对方的提问，需向同事请教时，可说声"请让我核实一下"。

（3）如果使用录音电话，应事先把录音程序整理好，把一些细节考虑周到。不要先放一长段音乐，也不要把程序弄得太复杂，让对方莫名其妙、不知所措。

（4）如果对方打错了电话，应当及时告之，不要讽刺挖苦，更不要表示出恼怒之意。如果来电人需要把电话打到别的部门，你可以说："您要找的人在××部门，电话号码是××××××××。"

四、打电话注意事项

职场人在拨打电话时要注意下图所示的事项。

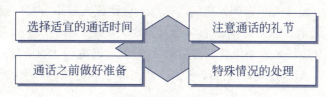

拨打电话注意事项

1.选择适宜的通话时间

打电话的时间应尽量避开上午7时前、晚上10时以后的时间，还应避开晚饭时间。有午休习惯的人，也请不要用电话打扰他。电话交谈所持续的时间也不宜过长，事情说清楚了就可以了，一般以3～5分钟为宜。因为在办公室打电话，要照顾到其他电话的进、出，不可过久占线，更不可将办公室的电话或公用电话做聊天的工具，这是惹人讨厌的行为。

2.通话之前做好准备

通话之前应该核对对方公司或单位的电话号码、公司或单位的名称及接话人姓名。写出通话要点及询问要点，准备好在应答中使用的备忘纸和笔，以及必要的资料和文件。估计一下对方情况，决定通话时间。

3.注意通话的礼节

接通电话后，应主动问好，自报一下家门和证实一下对方的身份。应先说明自己是谁，除非通话的对方与你很熟悉，否则就该同时报出你的公司及部门名称，然后再提一下对方的名称。

打电话要坚持用"您好"开头、"请"字在中，"谢谢"收尾，态度温文尔雅。若你找的人不在，可以请接电话的人转告，如："对不起，麻烦您转告×××……"然后将你所要转告的话告诉对方。此时，别忘了向对方道一声谢，并且问清对方的姓名。切不可直接就把电话挂了，这样做是不礼貌的，即使你不要求对方转告，你也应该说一声："谢谢，打扰了。"

打电话结束时，要道谢和说声再见，这是通话结束的信号，也是对对方的尊重。注意声音要愉快，听筒要轻放。一般来讲，应该打电话的人先放下电话，接电话的人再放下电话。

沟通密码

假如是与上级、长辈、客户等通话，无论你是通话人还是发话人，都应等对方先挂断电话。

4. 特殊情况的处理

（1）通话中如有人无意闯入房间，可以示意请此人坐下等候，或此人自觉退出房间等候。否则，你可向电话那端的人说声"对不起"，简短和来人打招呼后（如可以说："等我打完这个电话后再和你谈"）继续通电话。如果办公室有客人来时电话铃响了，可以暂时不接，除非你一直在等这个电话。如果属于这种情况，则应向来客说明。

（2）如果需要留言请对方回电，就要请对方记下你的电话号码。这样对方回电就不必再去查电话号码簿，即使对方是熟人，双方经常通电话，也要告诉对方回电的号码，同时别忘了告诉对方回电的合适时间。如果对方是在外地，则比较好说明自己将于何时再打电话，请其等候，不可以让对方花钱打长途电话找你。

（3）如果要找的人不在，则应对代接你电话的人说："谢谢，我过会儿再打"或"如果方便，麻烦您转告×××"或"请告诉他回来后给我来个电话，我的电话号码是××××××××"，切不可直接挂断电话。

（4）如果出现线路中断，打电话的一方应负责重拨，接电话的一方应稍候片刻。重拨越早越好，接通后应先表示歉意，尽管这并非自己的过错，可以说："对不起，刚才线路出了问题。"即使通话即将结束时出现线路中断，也要重拨，继续把话讲完。如果在一定时间内打电话的一方仍然未重拨，接电话的一方也可以拨过去，然后询问"刚才电话断了，不知您是否还有没讲完的？"

相关链接

如何电话邀约客户

很多电话销售员，尤其是新入行的销售人员，常常在给客户打电话时抱着一种"有求于人"的心态，这是一种非常错误的心态。事实上，在约见客户时，太过客气甚至于卑躬屈膝的态度反而更容易被对方拒绝。因为这样的态度会让客户在无形中降低其对电话销售人员的信任，甚至会怀疑电话销售人员是否另有所图，或者直接怀疑到产品本身的质量。

所以，要想在电话里成功预约客户，就要在与客户的沟通中保持一种不卑不亢的态度，用真诚的言辞向客户发出邀约。

"低人一等"的不良心态对于电话邀约的害处显而易见。有鉴于此，我们应当极力摒弃自己的不良心态。这样才能成功实现电话邀约。我们可以试着从以下几方面着手。

1. 约见客户时要自信

很多时候，客户往往会认为，一个电话销售人员之所以没有自信，或许是因为他根本不信任自己的产品。因此，当电话销售人员在电话这端放低姿态、卑躬屈膝地请求客户的约见时，客户总是会一口拒绝他。所以，电话销售人员在约见客户时首先要有一个自信的态度，对自己的产品要充满信心。比如，下面的话就能充分显示出一名电话销售人员的自信："近10年来，我们的咨询服务已经帮助近百家企业实现了利润翻番。我们认为，您的公司也能够在我们的帮助下创造同样的奇迹，就看您有没有这样的兴趣。您愿意抽出一点儿时间和我面谈一下吗？"

2. 保持热情

我们曾不止一次强调热情对于电话销售人员的重要性，在电话邀约时仍然要强调这一问题。充满热情的声音，是让电话另一端的客户感受到你真诚的重要方式。如果你在电话邀约过程中能始终保持热情的态度，就能感染对方，最终引导其做出购买的决定。

3. 不妨欲擒故纵

对客户过分客气，只会增长对方的心理优势，让他以居高临下的姿态审视你。要想成功在电话里约见客户，一定不能过分客气。有时候，适时地使用一种心理战术反而能够达到良好的效果，比如销售精英们最常用的欲擒故纵之法。

让我们通过下面的电话脚本来体会欲擒故纵的妙处："如果您不愿意花上几分钟的时间见见我，让我为您演示我们的产品，您可能就会失去一个能够让贵公司的利润在短期内提升15%的机会，真是太可惜了。既然这样，我就不打扰了，希望以后有机会与您合作。"

值得一提的是，在使用欲擒故纵这一技巧时，电话销售人员需要格外注意自己的表述方式，即语气和语调的配合，这一点至关重要。要知道，凡事过犹不及，如果说得不得当，很可能会激怒客户，导致彻底失去与其合作的机会。

4. 从客户的角度出发

作为销售业从业者，应当在任何时候都把客户摆在第一位，即任何考虑都应首先站在客户的角度。在与客户约定会面时间时，电话销售人员也要从客户的角度出发，你所划出的时间范围一定要是对方最可能接受的，千万不要以自己的角度为准。这样一来，客户才会觉得自己掌握着主动权，觉得这是他自己做出的选择，而不是你强加给他们的。如下面例子就有强迫客户的意味。

"我是明天去拜访您呢，还是后天去拜访您呢？"

而采用下面的话术则会好得多。

"我去拜访您一下吧，您看您是明天上午方便呢？还是下午方便呢？"

"陈女士，您是今天有时间还是明天有时间？我们好派人到您家检查一下门窗安全问题。"

第三节 如何用微信沟通

随着网络和即时通信的不断普及，微信由于其私密性及便捷性，成为当下职场沟通的常用工具。但由于微信兼具亲密性、随意性的特点，工作中不恰当使用微信的情况十分普遍。工作中的微信沟通，作为一种新的职场礼仪，必须掌握。

一、微信沟通的礼仪

微信沟通在工作生活里越来越常见，掌握好微信沟通的一些礼仪，会大大提升工作效率，取得事半功倍的效果。

1. 注意微信昵称与头像

微信昵称要简单易记，不要用词奇怪、字数过多。好的昵称应该要方便别人快速找到你，让别人容易"@你"，因此如果想要被更多人记住的话，请尽量不要用奇异的符号、繁体字、表情。如果是在工作群中，最好改为实名。

微信的头像要清晰，如果拿自己的照片做头像的话尽量贴近职业风格，不要过度"美颜"处理，这样的话可以给人真实可靠的印象。

2. 避免在工作群里进行私聊

微信群的本质是公共交流场所，如果在工作群或者比较正式的群里进行私聊，会给群里的其他人增加信息负担，并且有可能导致其他人错过群里的重要信息。

3. 及时消除"沟通黑洞"

所谓"沟通黑洞"就是无论是私聊，还是在微信群里，上司或工作伙伴给你发的信息或者通知，不能看完就完了，一定要给对方反馈，例如回复"收到"。这是职场中必备的沟通礼貌。

4. 平时多积累沟通措辞

在较为重要的沟通中，一定要注意自己的提问方式。很多人都觉得微信是一款社交软件，所以在沟通的正式性上并没有引起注意，开场就来一段空洞的措辞，这样不仅会增加双方的沟通成本，还增加了他人的信息负担。

5. 介绍工作伙伴时，务必提前与对方打好招呼

在介绍合作伙伴或工作人脉时，应该事先建个小群，而不是直接推名片，同时进群之前最好征求一下双方的意见。要知道，任何人都不喜欢被陌生人突然打扰。

6. 把要说的话一段说完

要用一句话或一段话把事情说完，不要一个字一个字的往外"蹦"，因为不停地响起提示音会加剧对方的焦躁感，同时刷屏的信息也会造成极差的视觉体验，让信息很难被集中理解。

> 沟通密码
>
> 职场中沟通时要牢记，重要的事情要用一段完整的话陈述完。

7. 发完文件后一定要与对方确认是否收到

重要的事情或者文档一定要在微信沟通后，再与对方电话确认。重要的文件，一定要以附件的形式给对方再发邮件，因为微信保存文件操作比较复杂。如果是紧急的事件，微信难以达到深度交流的效果，所以最好再以电话形式进行沟通交流。

二、微信沟通的技巧

诸如微信这样的新式沟通工具，让我们可以更加方便、快捷和自由的交流。正因为如此，你更应该管理自己的使用行为，通过减少沟通成本的方式，促进工作效率。因此，在使用微信沟通时也应掌握如下图所示的技巧。

1. 不要问"在吗？"，直接说事

问别人"在吗？"，如果别人正在忙，没有顾及消息，隔了很久才回，你怎么回应？不如直接说事，对方看到之后可以直接给出答复。

2. 重要消息用【】标出

有时候和别人聊得很畅快，事情也说清楚了。但如果是不紧急的事情往往会放到一边，等要处理的时候才回去翻看记录。一条条翻看难免低效率，把重要内容加上【】就会醒目很多，比如时间、地点等。就算消息很多的时候，【】里的内容也能一目了然。

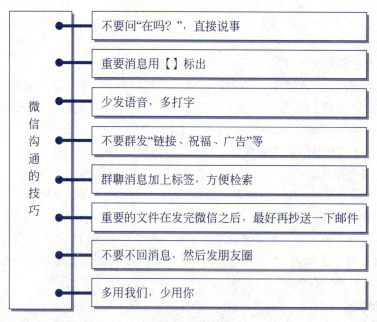

微信沟通的技巧

3. 少发语音，多打字

有时候嫌打字麻烦，就会发语音。可是发语音你自己方便了，别人呢？

万一他在开会？上课？听语音不方便怎么办？而且有时候语音消息很长，如果说话不清楚，往往需要听好几遍，真的不方便。

沟通密码

和长辈们沟通的时候，发语音无法避免。但在和同事、领导沟通时还是应该尽量避免这个问题，如果需要语音讨论的话，不如直接电话吧。

4. 不要群发"链接、祝福、广告"等

一般来说，对方收到这些消息的时候，不免会心烦。因此，不建议群发微信消息，会给人"不用心"的感觉。

如果是节日，想发祝福，可以直接发给你想祝福的那个"他"。

5. 群聊消息加上标签，方便检索

微信群上限为500人，动辄几千条消息，尤其现在"微课"很多，有时候难免错过。一条条"刷"效率太低，在消息前面加个标签可以完美解决这个问题。

打开群记录，就能直接搜索标签。发一些通知的时候也可以使用，避免重要消息被不必要的闲聊"刷"过去。

6. 重要的文件在发完微信之后，最好再抄送一下邮件

在微信中查看文件是很方便的事情，但是保存文件的操作就比较复杂，所以如果是比较重要的文件，你应该通过微信发送之后，再抄送一下对方邮件。

同时，如果是紧急的事件，微信沟通的效率就比较低，最好用微信简单说明之后直接通过电话进行深度交流。

7. 不要不回消息，然后发朋友圈

这是基本礼貌问题，会让人觉得你很不在乎，久而久之自然就会给别人留下不好的印象了。对于重要消息不妨"@一下"别人，尤其是在群聊中，以免遗漏。

8. 多用我们，少用你

多用我们会让人觉得亲近，少用你也是避免疏远，如果有尊称也可以加上。

相关链接

职场沟通，需谨慎使用微信语音功能

微信语音消息开发的初衷，就是为了弥补中文输入缓慢的缺陷。它确实让信息发送者方便了不少，甚至让熟人之间亲密感提升。不过在职场工作中，它却未必是一个好的选择，常常使用语音消息，甚至很可能被认为是一种很自私的表现。

1. 你可能浪费了对方的宝贵时间

中文文字输入缓慢，但表达效率极高。而同样的一段微信信息，你输入文字的时间较长，但对方理解的速度更快；你录入语音的时间较短，但对方的理解时间大幅增加——于是你为了自己的便利，浪费了对方宝贵的时间。

"方便自己麻烦别人"是语音消息的事实，无论你的上级还是同事，都不太会喜欢和这样自私的人共事。

另外，现在办公室里，很多职员是使用微信桌面版工作的。要知道大多数公司里的标配计算机并不设置功放，在计算机中收到微信消息后，语音无法点击收听。其实哪怕有功放功能，职场人也不愿意点击功放，因为语音内容无法预判，直接播放既干扰他人，又暴露隐私。

于是理所当然，我必须拿出手机→解锁屏幕→等待微信加载完新的对话→找到你的对话框→点击语音→拿起手机收听……

可见这会给他人带来多大的麻烦。

2. 语音消息的正式性不足

当你张嘴时，你总有一些口语习惯会不假思索地带入。你或许明明在谈论一件重要的公事，需要简洁高效地传达，但是口语往往会导致同样的内容用更长的时间才能说完。

而且使用语音，就不如文字输入有足够的时间推敲，一些措辞的失误或者表达的不畅甚至可能造成误解。虽然微信拥有撤回的功能，但是"撤回"在工作交流尤其面对客户时，恐怕是一项更没有礼貌的操作。

3.语音消息无法复制转发

语音消息是无法被转发的，因为微信开发者认为语音属于私人而非工作范畴，不应让第二个人阅读。

但是在职场上，首先很多微信消息可能需要在本地备份。比如他人交代给我的一些重要工作，我最好能原封不动地复制粘贴到文档中，之后再做整理避免遗漏。那么尤其在计算机版微信上，我们可以直接用鼠标复制到文字信息，大大提升工作效率。

其次，很多微信交流内容并不一定只和两人有关，就像大多数工作邮件都会牵涉到抄送一样。有时候我们需要把文字内容转达给其他人，还需要把两人直接对话作为某种佐证。

那么无论是逐条转发还是长按后的合并转发，都需要以文字内容为前提。语音消息在这种情况下就造成了无法回避的严重障碍。

4.语音消息难以回溯查找

如果有人给你发了连续一屏幕的语音工作内容，当你想回溯收听加强印象时候你就不知所措了。

这些语音紧紧排列在一起，你可能无法弄清你需要的某一段信息在哪里，它们可能已经无法自动连续播放，而且无论哪一段你都得从头开始听，以后想通过微信搜索这些信息你根本找不到。

5.语音消息播放机制有缺陷

虽然语音可以做到未读红点连续播放，但是在连续播放时，如果一条新语音收到，它却无法继续播放。于是你不得不把手机从耳边移开，重新点击。倘若职场上大量发送语音消息，这种操作就会反复牵涉，令人心生不快。

加之语音消息极易中断，无论是电话接入还是临时切换其他窗口。甚至它无法像音乐那样，在退出聊天窗口回到好友列表时继续播放。

在职场上经常使用语音消息的人，关键是缺乏"换位思考"的能力，他们很难意识到自己的行为对他人会造成如上这些麻烦。而这一类，自然也做不好用户体验，在公关、文案、营销、人力资源岗上一般也不会有什么优秀的表现。

三、与领导微信沟通的注意细节

继QQ之后,微信现在已经是"全民沟通"的最主要手段了。当然,我们生活中需要沟通的人很多,不仅仅是我们的家人、朋友,甚至还会有我们的上司和领导。那么,我们在和领导进行微信沟通的时候需要注意哪些细节呢?具体如下图所示。

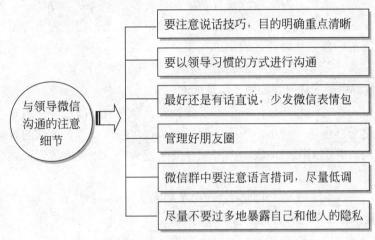

与领导微信沟通的注意细节

1.要注意说话技巧,目的明确重点清晰

首先,你要弄清楚领导和你的关系,尽管不是工作时间,但严格意义上你们并不是所谓的朋友。当然,也不排除有很多的领导会和下属的关系很好。大多数情况下,领导就是领导。所以,我们私下与领导微信沟通的时候还是要保持着这层关系。

另外,要把沟通的目标用意说清楚,重点要明确清晰,不要说了半天领导都不知道你想要表达的是几个意思。

2.要以领导习惯的方式进行沟通

微信沟通有两种方式,一个是语音,另一个是文字。很多人不工作的时间都喜欢用语音聊天,但是如果你冒失地给领导发语音,而他又在开会没法听语音,这不就耽误事情了吗?所以,第一条信息一定要发文字,如果领导用语音回你的话,你再接着用语音给领导回。或者有的领导他就只喜欢用文字交流,那么你一定要跟着领导的习惯来确定微信的沟通方式。

3.最好还是有话直说,少发微信表情包

微信表情已经是微信沟通中不可缺少的部分了,即使不说话,光用表情都能聊上十分钟。但是,和领导毕竟是工作关系,沟通的也大都是关于工作方面的事。

所以，在用表情包的时候一定要慎重。但也不是说一个都不能用，微信表情要用的恰到好处。

另外，有什么话最好直说，不要发表情让领导猜，一来领导容易忽视，二来也怕领导会错误解读。

4.管理好朋友圈

加了领导为微信好友之后，最好不要胡乱分享、胡乱发朋友圈了。尤其是对于工作的抱怨，或者对工作的厌烦，或者转载一些乱七八糟的内容等，都会给领导留下不好的印象。从而让你的形象在领导的心目中大打折扣，也不利于你在以后工作的发展。所以，管理好自己的朋友圈，尽量积极向上。

5.微信群中要注意语言措词，尽量低调

有时候为了工作的开展，避免不了要和领导同在一个微信群。不要小看这个微信群，这个群也是一个小小的工作圈子。那么，在微信群里说话的时候，要注意语言措词，既不要明显地表示出对领导的阿谀奉承，还要能达到让领导觉得你对他很尊重。

另外，在人多的地方尽量低调，并不是你说话多了，就代表你的能力强。

6.尽量不要过多地暴露自己和他人的隐私

微信沟通时涉及隐私是难免的，但你要注意把握一个度。相信不管是谁，哪怕是你自己，也不愿意把自己的隐私暴露给别人吧。所以，不管对谁尤其是领导，注意说话的分寸。相反，如果领导交代了你特殊任务，又或者是你在跟领导沟通的时候知道了领导的一些隐私，也不要随意暴露给他人。